一度来たら、次は友だち・家族を連れて

——西村自然農園　農と食の体験の一日

（撮影：倉持正実〈＊は木村信夫〉）

愛知県豊田市の山間にある四反ほどの小さな農家。栗の実が落ちる秋になっても、猛暑の夏を耐えてきたキュウリ、ナス、ピーマン、チェリートマト、インゲン、ツルムラサキなど畑の野菜は元気そのもの。オクラはきれいな大きい花を咲かせ、土のなかではラッカセイが実ります。土手ではまだヨモギが摘めるし、イヌタデは花穂をつけています。

これら多彩ないのちが皆、おいしく、おしゃれにいただける食材です。参加者は、庭から畑、里山へとまわり、収穫しながら、知っていそうで知らなかった野菜・野草たちとの出会いに、驚きと喜びの連続です。そして、それぞれの魅力を引き出す料理に、うれしい発見と交流の一日が過ぎていきます。

集まる人たちの魅力の空間に

山あいにある古い農家を、農食体験・交流施設として少しずつ手直ししてきた西村自然農園。裏に山があり、沢水が流れて小さな池・ビオトープに注ぎ、庭と土手と小さな畑、田んぼがつながる環境は、生き物や収穫物がじつに豊かです。

土間のある民家で、板の間の台所と食堂、野外テラスの食卓、ピザ窯のある屋敷まわりは、訪ねてくるお客様にとって新鮮な楽しみでいっぱい。昔ながらの小さな農家が、魅力的な交流資産になっています（130〜131ページ全体図参照）。

*

小さな農家が、
西村自然農園暮らし
伝統食
野草
つくる
とる
食べる

*

採りながら野菜のことがどんどんわかる

オクラは下に、ナスは上に

野菜の一つひとつに収穫のコツがあります。そこでまず、採り方のアドバイスをすること。これが参加者に新鮮で、野菜がグンと身近になるチャンスです。

「野菜には上を向いて成るものと、下を向いて成るものがあります。オクラは上向きだから、下に曲げるようにするとポキッというので、そしたらクルッとまわすと採れます。ナスは下向きだから、上に向けて折ります」。

野菜は必ず手採り。幼児にハサミは危ないし、木を傷めないようにしたいからです。「ナスもトマトも植物はみんな、動物と同じようにヒジがあります。ヒジのところで曲げると、折りやすく木を傷めません」。

小さな子供も挑戦。「ポキンッ」「やったあ」と歓声があがります。

「バジルは、花が咲くと実に栄養を取られ葉が硬くなってくるので、（蕾のある）茎の先を摘んでください」。

野菜の持っている力、共存の姿に出会う

参加したお母さんたちの関心のひとつが、農薬なしでも虫に食われていないこと。「トマトの間にラッカセイを植えてありますね。トマトに虫がつかない、病気しない、味がよくなるなどいいことがいっぱい。肥料を少なくして、コンパニオンプランツと雑草を活かしてつくれば、日照りでよその畑が枯れたときでも、霜が降りるまで収穫できます」。

「このチェリートマトは〝一人生え〟です。一度播いたら毎年生えてきます。自由に採

って食べてください」。野菜の力にビックリです。

収穫しながら、野菜の素顔発見

「ピーナッツはどこですか?」「黄色い花が咲いて、槍のようなものが土にもぐって実ができます。修平君、株をこう持って抜いてみますか?」「頑張って!」「すごい、出てきた。ピーナッツが好きだけど知らなかった。出産みたい!」。

「ツルムラサキは、葉もいいけど、花が咲く先のところもおいしいです。食べてみてください」「えっ生で食べられるんですか?タネは売っていますか」「タネは秋になったら採りにきてください」。

野菜の素顔の発見いっぱいの収穫作業。料理への期待がふくらみます。

野草も食卓づくりの主役に

畑を移動しながら、土手で「イヌタデを採ります。天ぷらにするとプチプチしてておいしいですよ」「ヨモギも採りますよ。あぜの草刈りをよくやっていると、何回でも秋まで出てきます。五cmくらいに伸びた小さいのを、爪で摘むように採ってください。これも、天ぷらに揚げます」。

約三〇分の収穫は、勉強することもいっぱい。ほかにも、インゲン、ビッグインゲン、花オクラ、赤長カブなど、二〇種類くらいの収穫物を持ち帰って、いよいよ昼食づくりだ。

広がる料理の楽しみ　食の技の発見

くりながら味わい、料理を味わうこと」がおすすめ。本物のおいしさ、健康さを知ってほしいからです。

●小さい手でやれる仕事がたくさん

「味噌汁のインゲンは、包丁を持ったことのない子はポキンポキンと折ってください」「小さな子にやれることがいっぱいあります。オカラと野菜のミートボールは、ラップを使うとうまくできます」。

●おいしさと栄養を逃がさず美しく

お母さんたちにはうれしい料理のコツも指導。「ごま和えにするインゲンの付け根は、茹でてから取ってください。先に取ると養分が逃げます」「エッ、そーなんだ」。「花オクラは洗ったら半分に切って、サラダの皿にのせてください」「ワーッ、きれい」「上に、ミニトマトの輪切り（赤）、オクラの輪切り（緑）などをトッピングします」。味とともに美しさも楽しめることを知ってもらいます。

●何度も何度も「味見」して

「インゲンでも何でも茹でたら、味付けする前に食べてみて」「畑で味わい、台所でつ

＊

本物の加工の味を知ってもらう

野菜をおいしく食べるのに欠かせないのが和えもの。そのため、誰が食べてもおいしい豆腐づくりを体験メニューに取り入れ、味わってもらいます。

本物の豆腐づくりのポイントは豆乳の温度。しぼるうちに温度が下がったのを再び九〇℃まで上げるのがコツ。塩を少々入れ、ここで待望の豆乳味見。「うまい」「最高」。九〇℃に上げれば、ニガリが少なくて固まり、プリンのような食感になります。重石も必要なく、水さらしもないので、旨味が逃げません。

「薬臭いから嫌い」だったという子供（結構多い）も、この豆腐ならおいしいと食べます。

同時進行で料理する段取り

栗ご飯を炊き、豆腐が完成するまでの間に、ツルムラサキを茹で、カブを浅漬けし、インゲンのごま和えとオカラボール、花オクラのサラダ、味噌汁と多種類の料理をつくっていきます。

どの料理もおいしくできる技とタイミングの伝授に、若いお母さんたちも段取りの大切さ、おもしろさを感じてくれます。

農でつくる新しいライフスタイルへ

こんなふうに、体験農園ではいろいろな楽しみがつながります。土間にあるミニ売り場で、加工品、畑の生き物観察や農食体験のガイド本を買って帰る人も。「農のある新しいライフスタイル」づくりが広がっていきます。

おしゃれでぜいたくな時間

畑や山野を見渡す野外ステージの食卓に、多彩な味と色どりの手づくり料理が並びます。

子供と「この色は何?」「オクラとツルムラサキとチェリートマト」「こちらはナスタチュームにカタバミの花」と話しながら大事に食べるお母さん。「おいしい! 残ってたらまわして」とヨモギの天ぷらをおかわりするお父さん。「食材の利用でも栄養面でも、うれしい料理がいっぱい」……おしゃれでぜいたくな交流の時間が過ぎていきます。

いのち無駄なく、アートも楽しむ

十月には栗の渋皮煮をつくり、その汁でスカーフなどの染め物を体験。品のいい薄ピンクに染まります。藍を加えるとグリーンに。染め物のための染め物でなく、この季節だけ、栗があるから楽しめる草木染め。二月にはビワの葉エキスをつくり、オレンジ色の染め物に。

西村自然農園　体験＆おもてなし料理

料理をきれいに飾る
つくる・食べる楽しさアップ

次々と咲く花オクラ（撮影：木村信夫　以下K）。左：ツルムラサキの花オクラ巻き（撮影：西村自然農園　以下N）、下：サンドイッチに挟み、ローゼルティーとともに楽しむ（K）

栗きんとんの茶巾しぼり。柿の葉にのせていただく（N）

デザートピザ。ニンジン・サツマイモ・ブルーベリーなどで、私のデザインの作品がうれしい（K）

こんにゃく。野菜の赤・黄・緑のカラフルさに食欲がわく（撮影：倉持正実）

春 みんなで小さな春を探し、お寿司をきれいに飾る。上：オオイヌノフグリ・カキドオシ・ハコベを散らした「野の花ちらし寿司」。右：調理したアサツキ・ツクシ・クローバー・サザンカの花などで握った「手毬寿司」（撮影：高木あつ子）

季節の恵みをいっぱい食卓に

野を歩いて魅力の食材を新発見

生えていたミツバとニンジンのごま和え。飾りにもミツバを添える
そうめんは野の花やナスタチュームで飾りつけ
ゴーヤ、キャベツ、ニンジンの炒めもの
生えていたミョウガを刻んで、その葉にのせて薬味に

初夏 緑あふれる季節。上は畑や野原のウォッチングで集めた食材で昼食。下左はキイチゴの実を若葉にのせて、右は雑草アカザの和えもの（撮影：小倉かよ）

食材は無駄なく多彩にいただく

喜ばれるアイディアと新メニュー

大豆 煮豆・味噌づくりをしたら、つぶした大豆でコロッケに（N）。さらには豆きんとん、そしてココアをまぶして大人気のトリュフ（K）

タケノコ 左から、硬い根の部分も捨てないでハンバーグに、先のやわらかなところは梅味噌などで、煮物の残りは名古屋コーチンの卵で卵とじ（K）

お餅 年末にはお客さんと餅つき。お餅を囲み、いろいろな畑の恵みとのコラボのたれ・あんで祝う。
上：サラダ・キムチ・大根おろし、中：きな粉・小豆あん・納豆、下：ユズ茶・しょう油と海苔（K）

わが家の宝の味で料理をおいしく

お客さんをおもてなし

ハーブソルト 野菜・野草・果物がたくさん採れる季節に乾燥保存して、わが家の味をつくる（K）

上：左から甘酒ドレッシング（甘酒とハーブソルト、ミカン、オリーブ油を混ぜる）、エゴマの葉の中華漬け、桜の花の砂糖漬け、下：左からスギナのふりかけ、干しナス（野菜との煮物）、ジャム（上：イタドリ、下：キウイフルーツ・トマト・青トマト）（K）

はじめに

私は愛知県豊田市の山間で夫と二人で小さな農園を営んでいます。農産物を売るのではなく、収穫、調理して食事もともにつくって食べてもらう体験型の農園です。

三六年前（一九七七年）、都会の方に田舎でゆっくりとくつろぎ、おいしいご飯を食べて元気になってもらいたいという思いで開業しました。私二六歳、夫は三二歳でした。

当時はまだグリーンツーリズム、農村体験という言葉もなく、あまり前例のない仕事で、家族や周囲の方には大変ご心配をかけました。この地でやっていけるかどうかの試算も、農業知識も、体力も、調理技術も、お金も地縁もなく、あるのは荒れた田畑と古民家、田舎で暮らせるという喜び、早く整備してお客さんに来ていただきたいという意気込みだけでした。

ガス、電気、水道もなく、薪とロウソクの暮らしがしばらく続きましたが不思議と不安はなく、むしろ楽しかった覚えがあります。

やがて少しずつお客さんが来て下さるようになり、世間からも注目されるようになりました。四人の子供にも恵まれ、貧しいながらも楽しい日々を過ごすことができました。お客さんと身近にふれあえる体験農園だからいただけた感動と思い出がいっぱいです。

この本には、三六年間の私たち夫婦の思いとおいしい料理がたくさんつまっています。ご飯、煮物、和えもの、漬け物、お菓子、飲みものなどおいしくて、しかも手軽につくれるものばかりです。手づくりのかごやお箸ものっています。

日々の暮らし、とくに料理は、手をかけ苦労したわりにほめてもらえず、哀しいときもよくありますね。でも、人間のなかには植物が太陽に向かって伸びていくように倒れてもまた立ち上がって明るいほうへ伸びてゆこうとする力がつまっています。高級な食材を使うからおいしい料理がつくれるのではなく、季節の恵みを活かし、素材の味を大切にし、材料を無駄なく使い、残りものさえ活かしてチャレンジするあなたの手から、おいしいご飯と明るい気持ちが生まれてきます。

この本は農家の方だけでなく、都会に住む方やこれから田舎に住みたい方、子育て中のお母さん、子供さんたちにも読んでいただけたらうれしいです。

二〇一三年十月

西村　文子

目次

第三章　便利！ つくって保存、味覚食材・健康食品

第一章
自然農園体験
四季の楽しみ

農園には四季折々の楽しみを求めてたくさんの方が訪れる。「いつ行くのが一番いいですか」と、よく聞かれる。私は決まってこう答える。「おいでいただいた日がベストです」と。よい日も悪い日もなく、つねに自然は豊かにある。そこに価値を見いだすのは私たちとお客さんの共同作業。

この章ではそんな季節ごとの体験の楽しみの一端を紹介します。

（撮影：木村信夫 以下K）

初夏

野のいのち　みーんな　ありがたくいただこう

◉風薫る五月、野草・山菜の楽しみ発見

野山が新緑で覆われ、風もこころよい五月になると、家のまわりや田畑の土手は、山菜・野草でいっぱいになる。野菜はエンドウやかき菜くらいで少ないが、寒い冬を越してきたので甘味があり、次々と咲く野菜の花蕾は自然な味がとてもおいしい。

こうした、自然育ちの野草や野菜をいっぱい楽しみ、料理・保存法を身につけて帰っていただくのが、この季節の体験の中心である。

写真1　参加者が着いたらお茶でミーティング（K）

この日のお客さんは、月一回通ってくる「暮らしを紡ぐ塾」のお母さんたち。子供さんやご主人、友だちを連れてくることも多く、また、三年、四年と続けて参加しているメンバーも多いので、和気あいあいだ。

朝一〇時前に、それぞれ車で到着し、昔ながらの農家のリビングで、早速ミーティング（写真1）。あいさつと今日の体験内容の説明、参加者から簡単な近況報告や初めての人の自己紹介など。

この日のお茶はゴボウ茶、桜の花の砂糖漬けと、試作中の桜あんのミニどら焼き（写真2）。農家ならではの手づくり加工・保存の豊かさを二、三品ふるまい、試作品にはお客さんの評価をいただくのもねらいだ。

写真2　試作中のミニどら焼きも味をみてもらう（K）

写真3　タケノコ料理の下準備。硬いところも活用（K）

◉お昼の下準備から活動開始
――タケノコ一本を丸ごと活かすメニュー

今日の料理体験のメインは、タケノコ料理オンパレード。タケノコご飯、若竹汁、タケノコの煮物、そしてタケノコハンバーグと、さまざまに料理し味わっていただく。孟宗タケノコひとつのいのちにも、捨てるところがないことを知ってもらいたいという願いを込めて。

前もって米ヌカとトウガラシで茹でておいたタケノコを切り分けながら、「皆さん、根のほうの硬いところはどうしていますか？」「あまり硬いところは食べません」「根の近くの硬いところに栄養があるので、捨てるのはもったいないです。タケノコだんごやハンバーグに活かせます。姫皮のところは若竹汁やお吸い物ですね」（写真3）。

こんな会話をしながら、今日の料理メニューのイメージがふくらんでいく。

そして、茹でたタケノコを長持ちさせるワンヒント。「きれいに洗って冷蔵庫に入れたのでは、すぐ傷みます。茹で汁に浸けたまま冷蔵すると腐りません」。食材の貴重さがわかってきたお母さんたちは、その技を喜んで受け止めてくれる。

◉家屋敷から土手・畑をひとまわりして食材集め

——ミツバ・ワラビ・イタドリなど、見つけ方・採り方をコーチ

下準備を終えたところで、外に出て、家から畑へとまわりながら食材集めだ。

木陰の道沿いにはミツバが生えている。草むらのなかだからやわらかい。「ミツバは軸もおいしいので、下の株ぎわから採ってください」「これは全部自生、『一人生え』です。根株をお家にもっていって植えると、花が咲きタネがこぼれてどんどん増えますよ」と、家庭菜園へのアドバイスも喜ばれる。

写真4　ワラビの探し方を教える（K）

日あたりのよい土手にはワラビ。「採るのはグーのかたちです。パーに開いたのはもうダメ」「初めのうちは見つけにくいけど、だんだん慣れて『ワラビ目』になってきます。土手の下のほうから上を見ると見つけやすいです。ワラビはススキと仲がよいので、ススキのあるところを探して」「手で曲げて折れるところでポキンと採ってください」と教える。採るリズムを身につけてほしい（写真4）。

土手にはイタドリも太っている。ジャムにしたり、皮をむいて塩保存して炒め煮にしたりと、貴重な食材であることを話すと、驚く人もいる。「えっ、ジャムにするんですか?」「できたのがあるので、味をみていただきます」「楽しみ〜」。

◉えっ！　クローバーも、イノコヅチも魅力の食材！

次は、クローバーの花と葉（写真5①）。シロツメグサは軸をつけて天ぷらに揚げると、子供たちも大喜びの一品だ。葉は、まだ開いていないものを株のなかのほうから採って、おひたしなどにする。

「マメ科だから、葉を生で食べるとほのかに豆の味がします」「シロツメグサのツメクサとは『詰め草』のことで、プチプチなどがない時代に、花を干して、

写真5　シロツメグサもイノコヅチ（②）もおいしい食材（K）

割れ物や機器を梱包・輸送するときのクッションにしたのです」など、植物たちの素顔も知って、親しんでもらう。

そして、イノコヅチ（写真5②）。秋になると、小さな実がズボンにいっぱいつく厄介者としかみられていない。しかし、この幼植物の葉は、おひたしや白和え、油揚げとの煮つけなどにすると、「また食べたい」と言う人が多い。知られざる「まさか」の食材だ。軸が四角なので見分けやすいことも教えてあげる。

ハコベは卵焼きに入れて色合いを楽しんだり、サラダにしてたっぷり食べたり、野菜がまだ少ない時期に貴重な青物だ。おいしいところを、ゴソッと上手に採る手つきも覚えてもらう。

◉春から初夏は ホウレンソウでなくアカザを食べる!?

畑雑草の代表の一つアカザが初夏から夏にホウレンソウ（アカザ科）がわりになることも、お客さんには新鮮だ（写真6）。「わが家のホウレンソウは原種に近い日本ホウレンソウなので、秋に播いて春まで食べ、春以降は無理して播きません。そのかわりがアカザ。アカザがよく生える畑は土が肥えてきた証拠です」。

写真6　アカザは春から夏、ホウレンソウがわりに（K）

こうした、野草と野菜のコンビネーションによる「自然の原理に逆らわない食卓づくり」は、西村自然農園の畑づくり・野菜づくりの基本でもあり、収穫しながら、その実際を見ていただくようにしている。

◉コンパニオンプランツ、不耕起栽培の畑のよさを知って

野菜の収穫は、莢エンドウ、かき菜。蔓なしエンドウは、草丈六〇㎝くらいだが倒れやすいので、大麦を一緒に播いて支えている。またスナップエンドウも、麦と播くと、冬にマイナス一〇℃くらいになっても、麦が守ってくれる。その様子を見てもらいながら、「プランターでも一緒に播くといいですよ」とアドバイス。

キュウリの苗は、土壌病害を防ぐための「ネギ・ニラ混植」で、ネギの根をキュウリの根に絡ませるようにして植えてある（写真7）。また、キュウリの傍には、収穫後のブロッコリーから腋芽がたくさん伸びて蕾をつけ、開花している（写真8）。そのブロッコリーは、

写真7　キュウリは「ネギ・ニラ混植」の不耕起栽培（K）

写真8　キュウリの脇に前作のブロッコリー。花茎を楽しむ（K）

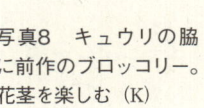

夏のキュウリのあとに植えたもの。「だから、この畑はずっと不耕起栽培。前の作物の茎葉や蔓、根が残っているので、空気や水のとおりもよく、ウリバエも来ません」。

「不耕起栽培では、肥料はごく少量の表面施用です。耕うんして肥料を土に混ぜ込むと、土のバランスが乱れ、キュウリらしい味、ブロッコリーらしい味がなくなります」と、ブロッコリーの花蕾をその場で食べてもらう。

「化学肥料でなく、自然に育った味を知ると、子供たちは野菜好きになります」。このことは、西村農園に来た子供たちの変化から、確信をもって皆さんに伝えている。

◉採った野草・野菜を分類、名札付け

ブロッコリーの近くには、かき菜も茎が伸び出し蕾をつけているので、この花茎も摘んで試食。野趣ある味だ。秋冬野菜は春から初夏、摘めば摘むほど花茎が伸びてくる。「いろいろな野菜の花を食べよう」、これも野菜食体験の大事な柱だ。

こうして手かごをいっぱいにして戻り、最後に庭のあちこちに植わっているお茶の葉を摘む。午後に体験する手揉み釜炒り茶づくりに使うためだ。

ベランダのテーブルに収穫物を並べ、名札を置いて成果を確認。これも毎回必ずやる作業で、この日は、料理に香りと美しさを添えるサンショウ、ユキノシタやツバキの花なども加わって、一六種類となった（写真9）。

写真9　この日の収穫物を仕分けして成果を確認（K）

◉何回も味見しながら、お昼の料理づくり
——タケノコづくし、ワラビのナムル、イタドリの炒め煮、サラダなど

お昼の料理は、タケノコ料理四品のほか、ワラビの

ナムル、イタドリの炒め煮、家で飼っている名古屋コーチンの卵焼き（ハコべ入り）、サラダ、シロツメグサ・ツバキの花などの天ぷら、クローバーの葉のおひたし、たき菜のごま和えなど。

このうち、タケノコご飯や天ぷら、卵焼きなどは主人が受け持ち、ほかは参加者が同時進行でつくっていく。料理中に、生の味、茹でただけの味、調味した味と、何回も何回も味見してもらう。

タケノコハンバーグは、硬い部分を少し細かく切って、フードプロセッサーでミンチ状にし、塩少々と小麦粉を加えて練り、ハンバーグ型にする（写真10）。「小麦粉はタケノコの半分が基準ですが、タケノコの水分状態を見てかえます。多すぎると小麦粉ボールになり、少なすぎると油を吸ってベチャッとなってしまうから」とコツを伝授する。ハンバーグにかけるあんは、片栗粉のトロミに、しょう油に砂糖、ショウガ粉、七味で味付け。

ワラビのナムルは保存してあったワラビを塩抜きして、しょう油とごま油などで味付け、花がつおをあしらう（写真11）。イタドリの炒め煮も保存のイタドリを使い、ジャコを炒めて香りが出てきたところで、イタドリを入れて炒めてジャコの味を移し、塩麹で味付けし最後にしょう油麹で調える。イタドリのシャキシャキ感と、ジャコと塩麹・しょう油麹の生み出す味に、ファンが増えている料理だ（写真12）。

◉山菜ごとの保存のコツも身につけてもらう

できた料理を楽しみながら、保存のコツも身につけていただくことを大切にしている。

「ワラビは、ほんの一瞬熱湯にくぐらせるだけです。緑がきれいに出ます。それを塩漬けするとアクが取れます。塩はワラビの二〇％がめやすで、秋まで食べるものは途中で一回漬け直し、長く春まで保存するには二回漬け直してください」。

「イタドリは、五秒くらいお湯に通すと皮がむきやすくなります。塩漬けするとき、切ってすぐ重石をすると割れてしまうので、塩をしてひと晩置き、少ししんなりしてから本漬けしてください」。

クローバーは意外に茹で時間が長くかかること、エンドウのおいしさを逃がさないために軸と筋を取らず茹でること、などなど。自分で採ってきた食材のすばらしさ・個性を知り、長く楽しむ保存・加工の技を身につけて財産にしていただくために、知っていることはその場で提供するようにしている。

◉うれしい食卓の会話

——わが家の食材がまたひとつ増えました！

テーブルに、この日の手づくり料理の数々が並ぶ

写真10 タケノコのハンバーグづくり（K）

写真11 ワラビのナムル（K）

写真12 イタドリの炒め煮づくり（K）

写真13　この日の昼食（K）
①手づくり料理のいろいろ
②タケノコハンバーグ（右下）
③シロツメグサやツバキの花の天ぷら
④イノコヅチのおひたし
⑤クローバーのおひたし
⑥人気の手づくり調味料甘酒ドレッシング

（写真13①〜⑥）。初めての食材あり、意外な調理法・食べ方あり。また、季節の食材の魅力をさらに引き出すための塩麹・しょう油麹、梅味噌、梅ジャム、ハーブソルト、スギナふりかけ、甘酒ドレッシングなどなど、常備的な手づくり調味料を多品目用意して味わっていただく。

この日は、サラダにつけた甘酒ドレッシングが人気のひとつ。甘酒にミカン、ハーブソルト、オリーブオイルを加えたもので、「さわやかさと甘さとしょっぱさが何ともやさしい味です」。

クローバーのおひたしは、「きれいで甘味もあってグッド。わが家の食材がまたひとつ増えました」「お湯のなかでクローバーが泳いでいるように見えるので、そうめん流しにいいかも」。

こんな声があがると、こちらも大変うれしい。私のほうの宝もふくらんでいくから。

◉手揉み釜炒り茶でティータイム

午後の部は、ティータイム用に、柏餅づくりと、先ほど摘んだ新茶で釜炒り茶づくり。茶葉からは、緑茶にウーロン茶、紅茶などができるが、この日は釜炒り茶。ホットプレート（一五〇℃）で熱し、しんなりしたら手で揉むか洗濯板にのせてそっと揉む。揉んでいるとまた水分が出てくるので、再び加熱。これを三、四回繰り返す。

みんなでホットプレートを囲んで、おしゃべりもはずむ仕事場だ。「農家のおばちゃんたちは、しゃべっていても、メチャ手も動くんですね」という話題も出てきて、皆さん手を休めずに揉み続ける（写真14）。

最後はホットプレートに紙（米袋を使用）を敷き、その上に広げてじっくり加熱し、白っぽくなって指でつぶすと折れるくらいに乾き、香ばしくなったら完成。

お茶は八〇℃でいれてもらう。一回沸騰して少し冷まし、湯気が立って顔が熱いくらいがその温度。「香りが甘いです。おいしい！」（写真15）。

お茶はよく乾かすと保存がきき、また食卓にひとつ宝が増える。「揉んだときに出る粉茶は、クッキーに入れるとおいしいですよ」と、お茶づくりの楽しみがさらに広がる。

皆さん、お宅での食卓づくりと次回参加への気持ちを高めながら、帰路についていく。

六月の梅のシーズンに入ると、体験のメニューも梅を使った料理のいろいろ、梅干し、梅漬け、梅ジュースなど、梅づくしとなる。

写真14　ホットプレートを囲んで釜炒り茶づくり（K）

写真15　できたお茶を手づくり柏餅と楽しむ（K）

夏

よく食べ・よく働く！子供たちが光る宿泊体験

◉野菜いっぱいの夏 ワクワク体験を

西村自然農園の夏野菜が最盛期を迎える頃は、ちょうど子供たちの夏休み。そのため、子供グループや親子連れがたくさん、農と食の体験にやってくる。

泊りがけでじっくり過ごそうというグループもあり、私たちは収穫に、料理に、食べること、遊ぶことに、子供たちのワクワクする時間が続くように、体験内容と料理メニューを考えて待つ。

この日は、愛知県豊田市の「親子劇場の集い」のお母さんと子供たちが一泊でやってきた。六家族で、子供は小学四年生以下で乳児も入れて一五名、合計二一名。

午後二時前、家族がそれぞれ車で到着。農園入口の鶏舎で、名古屋コーチンにあいさつしていると、次の家族も着く。知り合いだけに、笑顔がこぼれる（写真16）。

ミーティングは、「昔ながらの民家ですので、ゆっくりして、おいしいものをいっぱい食べていってください」「部屋割りは……」「食物アレルギーの人はいますか……」など簡単にして、手づくりアイスクリームのおやつを食べながら、しばし交流。

三年ほど前にも来たという家族も多く、そのとき一年生だった子が四年生となり、台所などにも自然に溶け込んでいる。最近生まれた赤ちゃんとの対面もみんなにうれしく、故郷に集まった家族のように話がはずむ。

◉輪切りから半月切り、そして、千切り、みじん切り

「包丁使える人？」「はい ハーイ」「やったぁ！みんなやれるんだね」と、最初は包丁の練習にもっとも向いているキュウリの「輪切り」からスタート。小さな子や左利きの子は、私とお母さんたちが見守ってサポート（写真17）。

写真16　鶏小屋の名古屋コーチンのお迎えがうれしい（K）

次はナスの「半月切り」。たて半分に切ってから、薄く切ってもらう。「包丁をこういうふうに動かすと、押す力でよく切れるよ」とアドバイス。続いて、小さくてちょっと難しいミョウガを切る。

これらは、しば漬けづくりの材料だ。広口びんに昆布とともにギュっと詰め、材料の五分の一くらいの梅酢を入れてフタをし、ときどきひっくり返したり、ゴロゴロ転がしたりするのも子供の大事な仕事だ。

「今度は、こんにゃくに入れるカボチャとピーマンを切ってもらいます」。こんにゃくのなかで、緑やオレンジにキラキラ光るように、細かなみじん切りだ。作業はいちだんと難しくなる。黙々と手つきもよく切っていく男の子もいて、「まるで職人だね」と感心するいっぽう、子供の後ろで息をこらして見守るお母さんもいる。

写真17　包丁でいろいろな切り方を覚える。見守るお母さん（K）

◉食材が大変身！
調理の不思議に惹きつけられる

料理体験では、切ったあとどう変身していくかを見続けることも大事にしたい。

しば漬けは、ゴロゴロやっているうちに、いつか野菜の水分が出て、汁が上がってくることに注目。「一時間からひと晩置けばおいしい浅漬けになります」と楽しみにしてもらう（写真18）。

こんにゃくは、この時期は生芋がまだ採れないので、粉からスタート。水で溶いて火にかけて混ぜていると、トロトロになってくる。ブクブクと沸騰してきたら、オカラを入れ、そこに、みじん切りしたカラフルな野菜を加えて、よく混ぜていると、「あー、すごくきれいになった！」「マゼマゼしたいなあ」。

そして、こんにゃくを固める魔法の粉の登場。「水酸化カルシウムと言います。○○君、混ぜて練ってください」。やがて、市販のこんにゃくの袋を開けたときの変なニオイが漂ってきて、子供たちはこんにゃく

写真18　しば漬けづくり。ときどき転がすのも子供の仕事（K）

ができる不思議に引き込まれていく（写真19①）。

「下味をつけて揚げると、『今日は何のお肉ですか？』って言われます」「イベントのバザーでは大人気です」。これにはお母さんたちが大いに関心。

この野菜・オカラ入りこんにゃくは、夕飯のメインイベントのそうめん流しで流すほか、刺身こんにゃくとして、ピーナツ味噌だれで食べる（写真19②）。ピーナツをむいて、すって、味噌と混ぜるのは子供たちの仕事。「みんなショウガ入れてもいい？」「いいよ」と味の仕上げも子供たちに決めてもらう。こうして、つくる作業が連なって食べるイメージが見えてきて、いよいよ試食は大いに盛り上がる。

写真19　不思議体験 野菜入りこんにゃくづくり。①粉を煮溶かす ②ピーナツ味噌だれも子供たちがつくる（K）

◉野菜が喜ぶ採り方、畑の味、野の遊びを体験

こんにゃくができたら、外に出て畑をまわって、そうめん流しなどに使う野菜の収穫だ。お母さんたちもついて歩く。

「トマト採りまーす。青いのでなく、真っ赤なのと、黄色の濃いのを採ってください」。収穫しながら、いつでも味見をすすめる（写真20）。畑の隅にはプチトマトのタネがこぼれてできた「一人生え」の株が大きく育ち、たくさん熟している。その自然の味に、大人も子供も「おいしい」「おいしい」と次々手を伸ばす。

収穫作業で徹底することは、ハサミは使わず、手で

写真20　畑をまわって食べながら収穫（K）

採るほうが野菜にやさしいこと、必ず両手を使い、片方は野菜に添えて保持し、もう片方で実を採ることを守ってもらう。そして、オクラのように実が上を向いているものは、手で下に向けるとポキッというので、それからひねって採ること、ピーマンやインゲンなど下を向いている野菜は、上に向けて採ることを教える。「野菜にも、皆さんの肘のように折れるところがあるのです」（写真21）。

トウモロコシは「髪の毛が茶髪になったものが、よく実っています。これも下に向けてバキッ、クルクルとひねって採ります」。

この日、お母さんたちから天ぷらのリクエストがあったので、その材料にクズの葉を採ってもらう。そこで「パーン」とクズ鉄砲をやってみせる。「オレも！どうやるの？」とみんながやり始める。左手の指を筒にし、クズ葉をのせて少しへこませて右手で叩き、空気圧で破裂させる、その手つきにコツがある。何回も挑戦して、やがて一人また「パーン」。「やったあ」と喜びの歓声があがる（写真22）。

写真21　野菜の採り方を学ぶ（K）

◉野菜一つひとつの存在感が高まるように

重いかごを抱えて坂道を家に戻り、収穫物ごとに並べて、成果をみんなで確認し、再び台所へ。

トマトは、小さいのはそうめん流しで流し、大きいのは切ってトマト寿司（ちらし寿司）に入れ、朝食の納豆にも使う。「今日のちらしは、マグロがないのでかわりにトマト寿司です。これがとってもおいしいんですよ」。

オクラもそうめん流しと、納豆に使う。そうめん流し用のオクラは茹でてから切る。「オクラはつかみにくいので、箸の練習になります」。

楽しく料理し食べる体験を豊かにし、野菜一つひとつが存在感を持って子供たちにアピールしてくるようにしたい。野菜好きは、そこから育つだろう。

◉子供たちが取りしきるそうめん流し

夕暮れになって、いよいよそうめん流し。男の子たちがさらにやる気満々。「ヘイ！　ヘイ」の掛け声で、

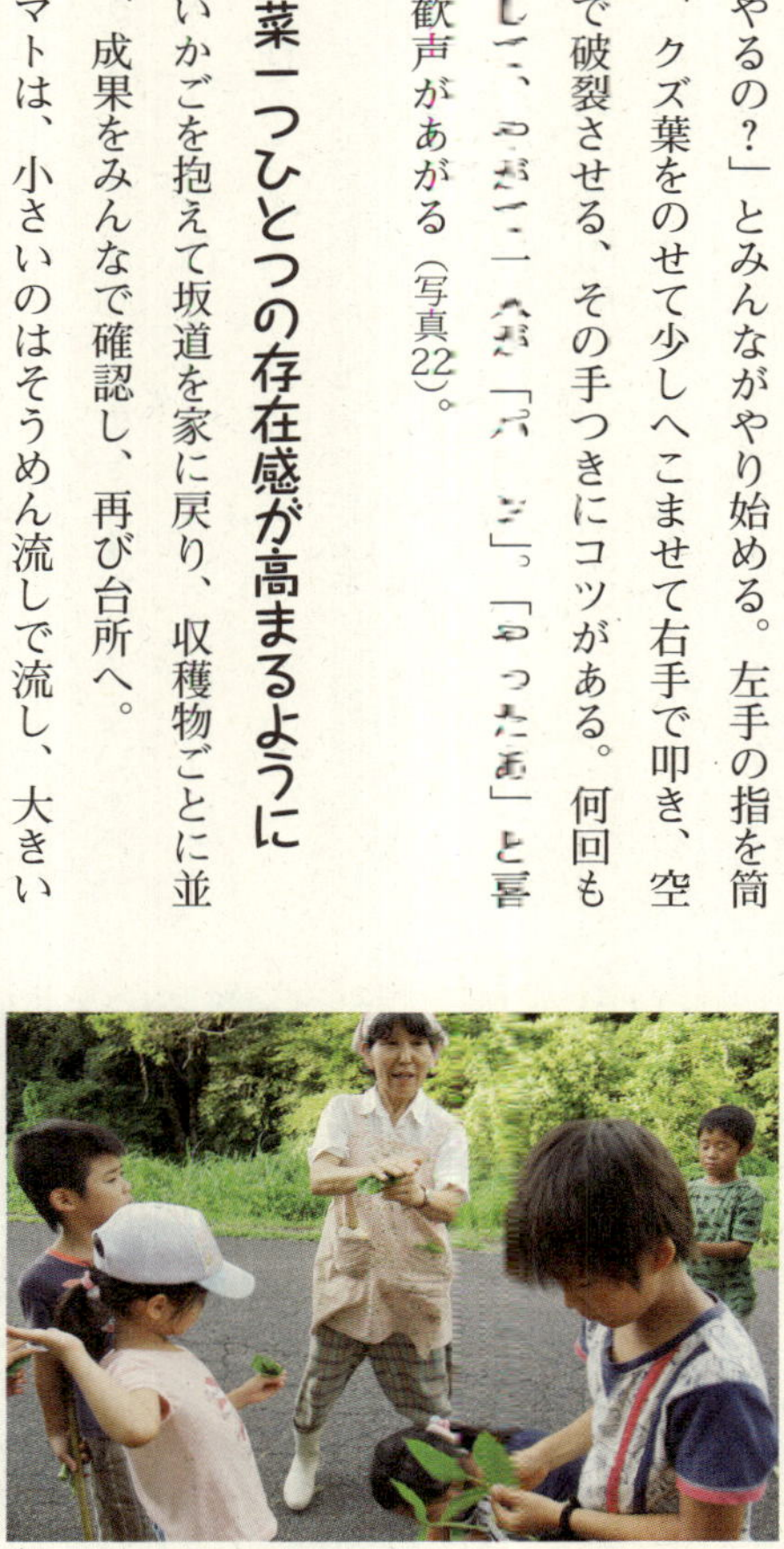
写真22　クズ鉄砲にチャレンジ（K）

そうめんや野菜・こんにゃく、トマト寿司その他もろもろを外へ運ぶ。

竹を割ってつくったセットにみんな並んで、「ハーイ流して」「そうめん行くよ」「オクラゲット」「こんにゃく流しまーす」「わーすごくきれい」「もっと水を強くして、こっちまで来ないよう」「そうめんおかわりーい」「左利きの人はこっち側がいいよ」と、とにかくにぎやかに時間が過ぎていく（写真23）。

しばらくして、「今度はお母さんたちが食べる番です。チェンジ」。「もっと、みんなが食べられているかどうかよく見て、間をうまく置いて流してください」と、子供たちへの注文も飛び出して、親にもとても楽しい時間だ。

写真23　にぎやかに子供たちが主役のそうめん流し。後半はお母さんにサービス（K）

そうめん流しのあとは、近くのベランダで第二部。テーブルには、トマトちらし寿司（写真24）、クズやゴーヤの天ぷら、刺身こんにゃく、キュウリスティック、カボチャ煮などが並び、少し落ち着いた雰囲気で料理を味わって、夕飯が終わる。

「そうめん流しで落ちたものは、ベランダの下の池の魚にあげてください」「ワーッ　やる」「アッそうめんが泳いでいるよ」。

◉お母さんには ゆっくり食べて休んでもらう日

——自発的な頑張りモードにスイッチ

「今日のお片づけは女子に、明日の朝ご飯のお片づけは男子にやってもらいます。今日、男子は庭の掃除をお願いします」。

庭から台所まで結構な距離を運んで、冷たい水で洗い、拭いて、棚に入れる。この片づけを、女子はもちろん男子もどんどんやってくれる。

「向こうにまだあるか見てくる」「オレ茶碗拭く」「じゃあオレお皿拭く」「茶碗はここ、お皿はこっち、お椀ここに置くね」と、分担・連係プレーもできて、はかどっていく（写真25）。

前にここに来たことのある子はもちろんだが、初めての子も、どんどん動くようになり、自分で仕事を見

写真24　採った野菜をおいしく「トマトちらし寿司」（K）

写真25　食器片づけや庭掃除。男子・女子交替で連係プレーもよく（K）

つけて動いている。手がすごく冷たくなるまで、食器を洗い続ける。

「家ではそうでもないのに」と、親も目を見張るほどだ。

私たちも、農家での体験がどうしてこんなに子供たちを、自発的な頑張りモードにするのかと、驚くほどだ。つくる―食べる―明日に備えるといったプロセスが見えてきて、それをみんなでやるから楽しくなる、つらい仕事もつらくなくなるということだろうか。

◉朝食　おかわりもしてしっかり食べる
――干しナス料理・スギナふりかけの初体験も

一日目の夜は、電気が消えてからも話し声・笑い声が部屋から聞こえてきて、親しい仲間との宿泊体験を楽しんだようだ。

二日目は、七時頃から朝食準備。オクラをスライス、トマトをさいの目切りにして、納豆に混ぜる。ご飯、味噌汁、名古屋コーチンの卵焼きやトウモロコシのお皿、お箸を一人ひとりに配るのも、子供たちがよく動いて進み、「手を合わせてください」「いただきます」。

ご飯をおかわりし、納豆も追加をもらって、子供たちはしっかり食べる。

この日、ぜひ味わってほしいわが家の手づくり加工食品の料理として、干しナスの煮物とスギナのふりかけを出した。ナスがいっぱい採れる夏に、スライスして一週間くらい陽にあてて干すと、一年くらいもつ。それをお湯で戻し、二～三回目に水を捨てて、ニンジンなどと炒めて、揚げを入れて煮る。「ナスというより、干しシイタケの食感で、いいですね」（写真26①）。

「スギナのふりかけ、とてもご飯に合います」「スギナも夏に採って日干しし、少し炒ってミルで粉にします。スギナ粉一〇g、塩一〇gに、ごま五〇gをブレンドしているのでまろやかになります（写真26②）。カルシウムの補給にもいいですよ」。お母さんたちに、また一つ二つと、ご飯をおいしく食べるアイテムが増える。

お片づけの当番は男子。料理で出た野菜クズを集めて、卵をいただいた名古屋コーチンにあげるのも大事な仕事で、喜んで鶏舎へ行く。

◉ピザ　小麦の脱粒、石臼による粉挽きから体験

二日目の体験メニューの中心は、夏野菜いっぱいのピザづくり（詳しくは、50ページからをご覧ください）。

作業は、小麦の穂からの手採み脱粒、息による風選、石臼による製粉から始める。製粉するのは使う小麦粉

写真26　ご飯がおいしい手づくり加工食品。①干しナスの煮物、②スギナのふりかけ（三）

の一部だが、原始的なやり方によって食べるまでの作業全体を体験し、知ってほしいから。また、こねて時間を置くとふくらむのは微生物との共同作業、それで食べ物が成り立っていることにも気づいてほしい、そんな思いで実施している。

子供たちは、一つひとつの作業を喜んでやり、石臼専任のようになってまわし続ける子もいる。

思い思いのトッピングをして、ピザ窯に入れてもらうときの表情はうれしそうで（写真27）、焼き上がったピザをみんなで切り分けて食べると、さらにうれしくおいしい。

写真27　ピザは思い思いのトッピングで（K）

◉ふるさとに来たようなふれあいの時間

ピザを食べて、お片づけして、お別れのおやつはシソゼリーとスイカ。

何人もの子が、私のまわりにきて話しかけたり、手足にまとわりついたりして、離れない。

一泊という短い時間ではあったが、みんなで楽しんだ食の体験、また人とのふれあいの心地よさの体験が、それぞれの子供のなかに残ってくれればうれしい。そんなことを感じるひとときである（写真28）。

写真28　しばし私から離れず、別れを惜しむ子供たち（K）

秋

収穫の秋
料理もアートも楽しもう

◉里山の魅力いっぱい
——採る　遊ぶ　食べる　飾る

山村の秋は早くやってくる。九月に入ると早生栗が落ち始め、中旬から十月には中生の栗が拾える。子供たちは栗のイガを棒を使ってむくことに夢中になる。収穫した栗は、栗ご飯、茹で栗・焼き栗、栗きんとんなどなど、めいっぱい楽しんでもらう。

さらに希望によって、西村農園ならではの栗の渋皮煮を体験。渋皮煮の茹で汁染めにも挑戦し、美しいシルクのスカーフをファッションのひとつに加えていただく。

収穫の秋は、作物一つひとつに、食べるだけでなく、遊びやアート作品づくりなど楽しみが広がる季節。サツマイモ畑では、女の子は蔓（葉柄）でネックレスをつくったり、男の子は鼻輪にしたりするなど、野の遊びに興じる（写真29①～③）。収穫したサツマイモは芋を料理して味わうほか、葉柄はキンピラにしておいしくいただく（写真30）。

そんな体験をしてもらいながら、いろいろな作物の収穫を喜びあい、自然の巡りと多彩な恵みに感謝する

写真29　サツマイモ畑の楽しみ。①蔓（葉柄）で、②ネックレスや③聴診器（K）

写真30　サツマイモの葉柄のキンピラが喜ばれる（K）

ひとときをと願って、参加者を迎える。

◉煮くずれなしで やわらかい栗の渋皮煮を伝授

せっかく実ってくれた秋の恵みは、できるだけおいしく料理していただくのが感謝の心。

「どうやったら、こんなふうにやわらかく、煮くずれしないでできるの？」とよく聞かれるのが栗の渋皮煮（写真31）。「私のレシピでつくったら必ずうまくできます」と、実際に料理しながら、三つのポイントを伝授している。

写真31　栗の渋皮煮。煮くずれしないでやわらか（K）

①新鮮な栗を使う。

②コトコト煮ないで、沸騰したら火を止めて重曹を入れ、ひと晩置いてアクを抜く。

一〇分も一五分も煮たら煮くずれが多くなるが、この方法なら大丈夫。

翌日三回くらい水をかえて茹でこぼし、渋味を抜く。

③砂糖を分けて入れて二～三回煮返す。

砂糖を一度に二〇〇gも三〇〇gも入れたら、栗が固くなってしまう。私は栗一kgに砂糖二〇〇g余りと少なめで、それを一〇〇gずつ二回に分けて入れ、沸騰したら冷ますことを繰り返す。

もっと手軽にできるのが、栗きんとんの茶巾しぼり（写真32）。これは、しぼるときキュッキュッキュッと何回もやるとかたちが見苦しくなる。和菓子屋さんを真似て、左手の親指と人差し指の間に入れてギュッと一回だけにして、底を少し押して平らにすると山型になって美しくできる。食べながら、そんなちょっとした工夫も話題になる。

◉渋皮煮を食べたら、美しいピンクに染まる栗の茹で汁染め

料理は料理教室、草木染めは染め物教室というのではなく、栗の渋皮煮を楽しんだら、茹で汁を捨てずに

写真32　手軽にできる栗きんとんの茶巾しぼり（撮影：西村自然農園 以下N）

染め物に活かすのが、農家での体験のよさだと思う。

栗の茹で汁をよく漉して、シルクのスカーフを浸し、よくすすいで軽くしぼって乾かすと、素朴な美しさで落ち着いたピンク色に染まる。これには、皆さん感動。ヒモで縛ってしぼりを入れるチャレンジへと広がる（写真33）。

また、ある参加者の方が、栗の茹で汁で染めたものを藍の液に入れたところ、きれいなグリーンが出た。「重ね」のすばらしい効果を生徒さんが偶然のように発見し、わが家のアイテムにもなっているのは、とてもうれしいことだ（写真34①②）。

写真34　①藍染め（左）と栗の茹で汁染め、②左端が栗の茹で汁と藍の「重ね」で出たグリーン（N）

写真33　栗の渋皮煮の茹で汁染め（撮影：倉持正実 以下KM）

◉驚き、喜ばれる！ラッカセイ、花オクラなど

秋の畑には、夏とは違った楽しみが多い。サツマイモ畑もその一つだが、珍しがられおもしろがられるのがラッカセイ。ラッカセイの旬が秋なこと、莢実が地中で実ることを知らない人は案外多い。畑で株を抜いて、ゾロゾロ出てくる莢にビックリ。そして、生ラッカセイを茹でて食べて「こんなにおいしかったの！」と二度ビックリ。

私は、ラッカセイも圧力鍋で短時間（シュッといってから五分）茹でる。これがコツで、グツグツ茹でるとシャキシャキになるが、私のやり方だとネットリやわらかい食感になる（写真35①）。

ラッカセイのむき方は、「よく見ると鳥のかたちに似ているので、嘴を自分のほうに

写真35　①圧力鍋でネットリおいしく。②鳥の嘴に似たほうを自分のほうに向け、親指に力を入れると、殻がきれいに割れる（K）

向けて、親指に力をためてピシッと押してください」(写真35②)。これで簡単に、ボートみたいに二つに割れる。炒ったピーナツしか知らなかった人たちにとって、この食材の新しい魅力発見のときだ。

夏野菜のオクラが終わる頃に、花オクラが元気になって、毎日淡い黄色で芯の赤い花をつける。これが、サラダをグンと美しくしてくれる。トマトの赤、オクラの星型の緑、手づくり豆腐の白、などなどが引き立って、さらにおいしそう。庭にあるピンクのナスタチユームや、紫のカタバミで飾るなど、子供も大人もお皿のきれいな演出を楽しむ(写真36)。

花オクラの天ぷらも食卓を美しくしてくれる。

写真36　花オクラで食卓を美しく。サラダと天ぷら(K)

◉新米の収穫を五平餅で祝う　神様とともに

田んぼでは新米が穫れる。まだ忙しい秋には、餅つきはしない。昔から、手軽にできる半つぶしの五平餅をこしらえて神様にお供えし、感謝をささげてきた。また、山仕事に行くときに、木板にご飯を張り付けて持って行き、火であぶって食べたのが始まりなどとも伝えられる。そんな、農山村の暮らしに根ざし、新米の収穫を祝う五平餅づくりも、秋の体験メニューとして欠かせない(写真37)。

半つぶしにしたご飯を、串につけて平らにして、軽く焼いてから、味噌だれをつけて、こんがり焼く。味噌だれに入れるのが、すったごま・エゴマ・クルミ・ピーナツなどで、それぞれのまろやかな旨味が出る。香り付けにはシソ・ユズ・サンショウ・ネギなど。

新米のおいしさを、里の秋の味覚の数々がさらに引き立てる。そのように、収穫を喜び、祝う心と技をお伝えできたらと思う。

写真37　五平餅づくりは秋の大きな楽しみ(N)

年の暮れ

新年を手づくりで豊かに迎えよう

◉寒さに備える畑ウォッチング

今年も残り少なくなって、畑でも台所でも、冬への備えや新年を迎える準備に忙しい毎日。西村農園にくるお客さんにも、暮れから正月にかけての農家の暮らしの一端にふれ、おせち料理に注がれてきた知恵や技なども体験していただく。

畑では、寒さに備えて、ダイコンの土寄せ、ハクサイなどの取り込み、サトイモなどの穴埋め、麦踏みなどがある。

「このダイコンが冬にはさらにおいしくなります！」「麦を踏んで丈夫にし、来年のピザづくりやパン焼きに使う小麦を収穫します」「チンゲンサイの間にエンドウ豆を植えて、寒さから守ってもらっています」などなど、冬を越して、来年につながる畑の様子に注目してもらいます。

畑をまわって、ダイコン、カブ、ミニニンジン、ネギ、冬イチゴなどを収穫して（写真38）、お昼の料理に使う。

子供たちが来たときの楽しみはクリスマスケーキ（写真39）。冬イチゴを飾り、星型などの切り抜きをニ

写真38　晩秋から冬にかけておいしくなる野菜を収穫（N）

写真39　ヒイラギ・サルトリイバラ・冬イチゴなどで飾るクリスマスケーキ（N）

ンジンやカボチャの甘煮、ミカンの皮などでつくり、ヒイラギをのせる西村自然農園風クリスマスケーキを楽しんでもらう。

◉やっぱりつくってほしいおせち
――自然の恵みと人の技の集まった健康・長寿食

おせち料理は買って食べる、と言う家庭が多くなってきた。年に一度だけのおせちは、つくり方もなかなか伝わっていかないようだ。

しかし、煮しめ、昆布巻き、だて巻き、田作り、栗きんとん、黒豆、炒り鶏、ユズ大根などなど、おせちは海山畑の産物をみんな集めて、最高の技を込めてつくられてきた健康・長寿食そのものだと思う。

買ったものには、肉や魚が多く、味も濃い。やっぱり手づくりしてほしいと、十二月の体験では、簡単にできるわが家の逸品メニューに取り組んでもらい、「とてもおいしくできて幸せ！」と喜ばれている（写真40）。

そのなかで大人気は、だて巻きと田作りだ。

◉子供も喜ぶ西村農園流だて巻き・田作り

だて巻きが子供たちにあまり好かれないのは、食べて甘すぎることや、グチャッとなってジュワッと汁が

写真40　手づくりおせち料理。左下から右まわりに田作り、煮しめ、昆布巻き、黒豆、ユズの香巻き（干し柿とユズ）、栗きんとん、だて巻き、紅白なます。上はサザンカの花（N）

出てくることのようだ。

私のだて巻きのコツは、ニンジンや干しシイタケを戻したもの、セリ、チンゲン菜などの青菜を細かく切って、いっぱい入れること。よくしまった切り口が野菜三色できれいなことが魅力だ。フードプロセッサーに、はんぺん一枚と調味料（砂糖大さじ三と少なめ、煮切りみりん大さじ三）を入れて混ぜ、卵四個を一つずつ入れながら混ぜ、上記野菜のみじん切りを片手いっぱい入れてパッとプロセッサーをまわす。

コツの二つめは、焼いたあと、スで巻いてから冷ますとき、たてて置くこと。これで余分な水分が抜けてくれる。お母さんから「これなら、うちの子も喜んで食べます」と言われる一品だ（写真41①）。

田作りも買ったものは甘すぎて、ベッタリと粘っているものが多い。わが家の田作りは、さわやかで香ばしく、噛んで歯切れがよくおいしい。そのコツは、いわゆる「田作り」として売っているものでなく、食べる煮干しを使うこと。内臓に苦味がないのがいい。そして、煮ていて粘りが出てきたら火を止め、そのときユズの皮のみじん切りとユズ汁、刻んだクルミを入れること（写真41②）。

体験した人から「いくらでも食べられ、弁当のおかずになる」と言われる。健康食おせち料理がふだんにもつくって食べたい料理になるのは、本当にうれしいことだ。

料理が全部でき上がったら、黒塗りのお盆にのせて色合いが目立つようにして、サザンカの花や松葉をあしらうと、豪華で正月らしい雰囲気が出る。

◉誰にもできる、左縄のしめ飾りを伝授

おせちをつくったら、今度はしめ飾りづくり。これも、ほとんどのお客さんが初めてで、縄をなうのに苦労する。経験者でも、やったことのあるのは「右縄」。神様に飾るのは「左縄」なので、手の動かし方が逆になるから、なかなかできない。

そこで、わが家ではいろいろ考えて、みんなができる方法を編み出した。それは、三人一組になって、まさに「絆を結ぶ」ように、一つのしめ縄をなうやり方だ。

例えば一五本のワラでつくる場合だと、一人が根元をしっかり持ち、そこから先を五本ずつの三本に分ける。一本は残し、二人が一本ずつ持ち、それぞれ左にねじり（よりをかけ）ながら、「よいしょ」と左を上にまわして交換することを繰り返していくと二本縄がなえる。上までいったら、残した一本を左にねじりながら、二本縄にらせん状に巻きつけていくと三本縄の左縄ができる。

なお、縄ないの入門には、ワラ一本ずつで練習する

写真41　毎年つくってもらう人気のおせち。①だて巻き、②田作り（N）

写真42　しめ縄づくり。「左縄」をなうことができて見事完成（N）

ことがおすすめだ。

最後に、黒米の穂、ヤブコウジ、ナンテン、松笠などを飾って完成（写真42）。「しめ縄づくりは難しかったが、苦労の末、完成。感動です」。こうして、体で覚えていけば、また大事な技が身についていく。

◉お餅パーティーは、いろいろなたれ・あんで祝う

年越し・正月に欠かせないのがお餅。年末近くに体験に来た人たちは、かまどで火を焚いて餅米を蒸し、みんなで餅をついてお餅パーティーをする。そのときのポイントは、お餅がつけたらすぐに、大きなボウルの湯のなかにドボンとつけること。これで、やわらかく、おいしく食べられる（写真43①）。

餅を囲んで、ちぎった餅に多彩なたれ・あんをつけて食べる。たれは、しょう油・砂糖じょう油・海苔・納豆・きな粉・あんこ・ごま・エゴマ・大根おろし・ユズ茶・キムチ・ワサビじょう油・ショウガじょう油などなどオンパレード（写真43②）。

「砂糖じょう油がないよ」「きな粉を追加して」……とにぎやかな時間が過ぎるなか、「エゴマって、いい香り！」など、うれしい発見があり、参加者のなかで食材との豊かなつきあいがふくらんでいく、とても有意義な年末イベントとなる。

写真43　①餅がつけたらすぐ湯に落とす。②いろいろなたれ・あんで楽しむ（K）

冬

食卓がいつでもおいしい「わが家の味」をつくろう

◉お金で買えない味覚を手づくりして宝に

「冬は、畑に野菜はないし、お客さんも少なそうだし、何して遊んでるの？」などとよく言われる。しかし、「のんびりはするけど、やることはたくさんあるんですよ」と、お金では買えないものを手づくりする仕事があることをアピールし、体験に来る皆さんにも、味噌や麹、ビワの葉エキスづくりなどをしてもらう。

一年間楽しむわが家の味をしっかり仕込むのが冬のメインの仕事だ。そして、味噌づくりの日には、煮た大豆にひと手間、ふた手間かけて、納豆やコロッケ、トリュフなどをつくって、豆利用の豊かさも体験。

また、寒さに耐えて生きている冬の野菜や野草は味が濃くなっておいしい。秋に仕込んだいろいろな漬け物もグーンと味がよくなってくる。そんな寒さの恵みも知ってほしい。

お客さんが到着して初めのミーティングでは、甘酒（写真44）など温かい飲み物と、暮れに参加者と一緒につくっておいたかき餅など、冬の手づくりの一、二品を味わっていただいてから、体験のスタートとなる。

写真44　温かい甘酒に桜の花の砂糖漬けをトッピング（K）

◉お客様が喜ぶ 西村自然農園の味噌の味わい

味噌づくりは一回の仕込みで、大豆四kgを使う。参加者は一〇時に到着なので、大豆は九時から圧力鍋で煮ておく。沸騰するまで三〇分、シュッシュッといってから五分炊き、火を止めて三〇分置くと蒸気が抜ける。すぐに大きなタライにあけ、熱いうちにつぶす。

「圧力鍋に水をたくさん入れると、ドボドボになって味が逃げてしまうので、豆四kgだったら水一・五ℓと少なめにしています。わが家ではそれを大小二つの圧力鍋に分けて煮ます」（写真45①）と煮るときのポイントを説明してから、つぶす作業を開始。

このとき、西村農園では機械を使わず、すりこぎでつぶすことが第二のポイントだ（写真45②）。「押すことで味が凝縮されます。天の力＝すりこぎと、地の力が合わさっておいしさが出ます」と、味をみていただく。これには子供たちも「おいしい！」と驚く。お母さんからは「ほのかな塩味があります」。

大豆でもトマト、キュウリでも、無農薬、有機質肥料で育てたものは、わずかな塩気を感じる。そんな、「自然農園」のよさも感じてもらう。

味噌の仕込みは、熱いうちに麹を入れると酸っぱくなって失敗の原因となる。冷めるまで待つことを説明して、その間に冬の野外へウォッチングに出る。

◉野菜や漬け物 冬の寒さが生み出すおいしさを

土が凍ったり雪が降ったりする冬の畑には、何があるでしょう。陽だまりにオオイヌノフグリが咲き、ナズナ・ハコベも少し姿を見せている（写真46）。ビオトープの流水にセリも生えていて、参加者は、「セリってこんなにやさしい黄緑色だったの」と驚く。店のものとは違う。

畑には、ホウレンソウが土に這いつくばるように葉を広げ、ダイコン・カブが土寄せに守られて育っている。「ホウレンソウをちぎって食べてみてください」「甘い、旨味がある！」「夜凍り、昼間解けることを繰り返しているので、グルタミン酸などが増えて体液の濃度が高まって、味が濃くなるんです」。大自然のもとでの野菜の営みに納得し感謝するひとこまだ。

家のベランダには、ゆべしやかち栗が干してあり、秋に皮むきして吊るした峰屋柿が食べ頃になるのを待っている。柿の皮や、切干し大根、大根葉も冬の陽にあたっている。お母さんたちには、冬につくる保存食のいろいろを見ていただきたい。

何種類かの野菜・野草を少しずつ採ってテラスへ持ち帰り、品目ごとに仕分けして、名札を置いて、冬の畑ウォッチングを終了し、料理をスタート。

写真45　味噌づくりのポイント。①圧力鍋で少なめの水で煮る、②熱々をすりこぎでつぶし、冷めてから麹を混ぜる（N）

写真46　寒さがつくるおいしさをいただく。ハクサイ（左）とザルに摘んだハコベ（N）

◉大人気のススキ納豆づくり、家へ帰ってブームに

クッキングの初めは、西村農園独自の「ススキ納豆」づくりだ。参加者はみんな、前の体験者が仕込んだ納豆を食べてみて、つくり方を知りたいと熱望される。

大豆二カップ三〇〇gくらいを圧力鍋で煮て、熱々のうちに仕込むのがコツ。使うススキは、ウォッチングのときに採ってきて、夫にタッパーの長さに切ってもらう。

ススキを使うのは、ワラと違って一般の家庭でも採ってきやすいこと、ワラだと少し苦味が出るがススキではそれがない、つまり肥料・農薬なしで育つので自然の力が素直に出ることだ。

タッパーの底に切ったススキを二段に敷き、熱々大豆を二cmの厚さに入れて、その上にススキを一段のせる。タッパーのフタの下にススキ一本を置いて、空気が出入りするようにする。タッパーをバスタオルでくるんで、保温の足マットの上に置き、毛布をかけて、四〇℃に保温。二〇時間でおいしい納豆ができる（写真47）。

西村農園の基本は、持ち帰りではなく、家に帰って実践してもらうことにしているが、納豆づくりは皆さん結構やってくれて、エキスパートになった人もおられる。

写真47　ススキ納豆。塩麹・しょう油麹でいただく（K）

◉味噌づくりの日は、大豆を最高に楽しもう
——コロッケ、トリュフ、黒豆ご飯などなど

昔、農家の味噌炊きの日には、煮えた大豆を隣近所に配って歩いたものだ。いま、西村農園では味噌炊きの日には大豆のいろいろな楽しみ料理をし、そのなかから新メニューも誕生している。

昼食の中心メニューは大豆コロッケ（写真48）。ニンジン・タマネギ・ニンニクなどのみじん切りを炒め、これにつぶした大豆とご飯を混ぜ、塩・コショウ・ハーブソルトで味付け。それを丸めて、小麦粉の水溶き、パン粉をつけて揚げる。揚げる前に味見してもらうと、「このままでもおいしいね。健康のために脂を減らしたいお父さんにはいいかも」など、参加者は喜んでくれる。

つぶした大豆に少しの砂糖と塩で味付けした豆きんとんも、うれしいおやつになる。それを茶巾しぼりにするとさらに喜ばれる。また、最近では、豆きんとんにユズやオレンジのピールを小さく切って混ぜて、一五〜二〇gに丸め、ココアをまぶして大豆トリュフをつくっている。これは、何ともおいしく、大豆の力に驚かされる（写真49）。

このように、冬の体験活動を通じて、料理・加工のアイディアが次々生まれ、年々深化していくのは、大変にうれしい。

写真48　メイン料理になる大豆コロッケ（N）

写真49　いま人気の大豆トリュフ（K）

お昼のテーブルには、コロッケ、冬に甘味を増したダイコンやハクサイのサラダ、ハコベなどが入った名古屋コーチンの卵焼き、黒豆ご飯、昨年仕込んだ味噌でつくった味噌汁、いろいろな漬け物、などなどが並ぶ。

◉庭の葉っぱも大事に活かす　アオキの葉、ビワの葉など

昼食後には、つぶした味噌も冷めているので、いよいよ麹、塩を加えて仕込みだ。大豆四kgに麹四kg、塩二〇％で一・六kg、煮るときの水が加わって一六kg余りの味噌ができる。

かめか広口びんに味噌を詰めて、塩をふり、上にアオキの葉をのせる（写真50）。「これは昔から、『医者置き葉』といって、防腐効果があるのです。バランをのせるところもあります」と、先人たちの知恵を話しながら、その上にラップでフタをし、重石がわりに小石を入れたビニール袋をのせて、仕込み作業完了。

味噌はここで熟成させ、できてから希望者には持って行ってもらう。人によっては、生麹を持ち帰って家で手づくり味噌にチャレンジする。

参加者から希望があり時間もあるときには、ビワの葉エキスづくりをする（写真51）。葉をきれいに水洗いして、一日干し、二cmくらいに刻んで、焼酎に漬けて、暗所で保存。「三、四ヵ月でできます。これから先、夏の虫さされや打ち身にいいですよ」。

冬は、体を癒しエネルギーをため込む季節。これからのシーズンに備えて、食と健康のいろいろな生活資材を豊かにしていく活動を大事に取り入れたい。

写真50　アオキの味噌置き葉（K）

写真51　ビワの葉エキス（K）

春

春を見つけ、お祝いのご馳走をつくろう

◉ワクワクする成長の節目の季節に

春三月、陽ざしが伸びて明るくなってくる。桃の節句を過ぎて、間もなく入学や進学の時期となり、一年でもなんとなくワクワクする季節だ。

ところが、ここ愛知県の山間、標高五〇〇mの西村自然農園のまわりはまだ早春で、野草も少ない。いっぽう野菜は、ネギに坊主がつき、ダイコンは筋っぽくなり、ハクサイには腐りが入ってくるなど、食材は少し心細くなってくる。

それだけに、冬越しした野菜を大事に使い切り、野良に小さな春を見つけて（写真52）、食卓に取り入れ、ありがたくいただくようにしている。

また、何より、子供たちも大人もひとつ階段を上る人生の節目の季節なので、料理やお菓子を自分たちの手できれいに飾って、祝う気持ちを表わし、みんなで楽しみあいたい。そんな体験をしてもらえるよう、メニューを用意して、お客さんを迎える。

写真52　まだ寒い早春の畑ウォッチング（N）

◉野道に畑に小さな春を見つけよう

参加者が集まってミーティングでふるまうのは、干し柿。「去年の十一月にむいて吊るしたのが、冬を越してようやくできました」「去年の桜の花の砂糖漬けも、おいしいですよ」と、長い時間を経てできた味を

楽しんでいただく。

そして今度は、早春の野に出て、旬を探してもらう。オオイヌノフグリが地上の星のように咲いている。かわいいピンクのヒメオドリコソウが花をつけ始めている。フキノトウやカンゾウが芽を出そうとしている（写真53）。

カンゾウは「天人草」ともいう。それは、葉の出る姿が「人」という字の天地をひっくり返したかたちをしているからで、別名「貧乏ネギ」とも。「カンゾウの芽は、土に入っている株元の白いところがおひたしなどにおいしいので、ナイフを使って、株をバラバラにしないように切り取ってください」。

野草も野菜も、収穫は手で採るほうが自然なので、刃物は使わないが、カンゾウは特例だ。まだ希少な若芽を丁寧に掘って持ち帰る。

アブラナ科野菜の菜の花も少し咲き始めるので、採ってくる。

写真53　小さな春を見つける。①オオイヌノフグリ、②ヒメオドリコソウ（K)、③フキノトウ（N)

◉美しく飾ろう
思い思いの弁当箱押し寿司

昼食のメインは、お節句の時期にふさわしく、ちらし寿司や押し寿司。採ってきた春の花などで飾る。押し寿司には、子供用の二段式弁当箱を使うと、とても楽しい。

大きい箱のほうにラップを敷き、ニンジンをウサギ・星・桜・梅・人形に型抜きしたもの、野の花、錦糸卵、でんぶ、干しシイタケ、緑色野菜のおひたしなどを並べて、その上にご飯をのせて、小さい箱のほうでギューッと押す。

ひっくり返してラップを取ると、「ワアー、きれい」「楽しいね」と歓声があがり、盛りあわせて、みんなで評しあいながらいただく（写真54）。

現われたデザインと配色は一人ひとり違い、花咲く

写真54　二段式弁当箱できれいにつくる押し寿司。左は春の野を描いた作品（ニンジン炒め、シイタケ煮、桜花の甘酢漬け、ブロッコリー、オオイヌノフグリ）（N)

春の野原を表現した押し寿司もできる。ある人の作品は、ホウレンソウの草原にでんぶのピンクの花が咲き、ニンジンのウサギが遊び、その向こうには錦糸卵をバックにオオイヌノフグリ（別名、星の瞳）の花が星のようにきらめいている。

ある親子は、小さいニンジンを葉付きで縦に薄くスライスして横に並べ、ウサギの型も置いて、ミニチュアのニンジン畑を表現した。「ニンジンが好きになりますように」との願いを込めて。

買って食べるご馳走にない、自由に表現する満足感があり、みんなでほめあって思い出になる料理づくり。成長の節目を祝う日にはそんな体験をしてほしい。

◉春の野の花で、かわいい手毬寿司をおみやげに

手毬寿司も、子供たちが喜ぶ料理だ。寿司飯をピンポン玉くらいに丸めて、それぞれに具を一、二品のせて、ラップに包んでギュッ、で完成。かわいいお寿司だ（写真55）。

具は、オオイヌノフグリ、サザンカの花びら、ツクシの甘酢漬け、カンゾウやアサツキのおひたし、ニンジンの型抜きなど思い思い、色とりどりに。季節感を満喫でき、また子供たちが知らない、春の野の草花と親しくなるのにもピッタリだ。手づくりこんにゃくに梅酢をつけると、マグロの刺身風に味わえる。

子供たちは、食べた残りを、小さなパックに入れて持ち帰るのを喜ぶ。家に帰って、「これ、ツクシだよ」「ニンジンのウサギさん食べれたよ」と家族に報告する姿は、想像するだけで楽しい。

写真55　春の草花でかわいい手毬寿司（N）

◉野菜づくりスタートの季節
自然栽培を実技

西村自然農園に来るお客さんには、ベランダなどで野菜を育てている人がおられるが、失敗も多そうだ。そこで、春の体験では、ジャガイモの植付けなどの実技をしながら、家庭菜園教室を行なっている。

タネ播きや植付けでの失敗には、あせって早播きしすぎ、タネの播きすぎ（厚播き）、土のかけすぎ、水のやりすぎ、肥料のやりすぎなど、人の思い込みによる過保護が多いことに気づいていただく。例えば肥料では、野山の植物は肥料を何ももらっていないのによく育つように、畑もあまり耕さずに、刈り草や堆肥を上に置き続けていくと、微生物が増えて、病害虫にかからず、少しの肥料で育ち、おいしい野菜が採れること、など。うねはカマボコ型にして、肥料は、根が伸びていく両端のほうに置くとよいことなどを教える。

また、野菜同士が助けあって病害虫にかかりにくく、よく育つ組み合わせがあること（コンパニオンプランツ）についても強調している。これらは、あとあとの季節でも、「無農薬なのにどうして病気や虫が少ないの？」と聞かれるので、収穫体験のとき現場を見ながら必ず説明している（写真56）。

写真56　野菜づくりの基本を実技で（N）

◉ひな祭りなど　伝統のお菓子をつくろう
――おこしもの・からすみ

午後の料理体験では、昔はひな祭りなどに手をかけてつくった伝統のお菓子づくりをする。「おこしもの」は名古屋など都市部でつくられた。わが家には、祖父の代からの型がある。鯛・蝶・蝉・おしどり・桃・梅・ひょうたん・福助・大黒様・お姫様・宝船などなどで、いまでは貴重な木製の型だ（写真57①）。

米粉を練り、型に粉をふって詰めて模様をつけ、はがして、色づけする。色には、赤・ピンクはシソジュースやイチゴ、緑は抹茶、黄色はクチナシ、茶色は黒砂糖やココアなどを使い、色を粉に練り込んでパーツをつくって貼ったり、筆で塗ったりして仕上げる（写真57②、58）。

これを蒸して食べ、冷めたら焼いて砂糖じょう油などで食べる。参加者は、「自然の色を使って、きれいにできた！」と喜んでくれる。

「からすみ」は山間部のひな祭りにつくられた。米粉を練って蒸し、砂糖と塩で味付けして、細長いかたちにして箸で模様をつけて蒸す。砂糖たっぷりで甘いお菓子だ（写真59）。

これを、西村農園では、色と味付けに青のり・ヨモギ・ユズ・イチゴ・ピーナツ・レーズン・クルミ・ジャム・小豆あん・抹茶・ココアなどなど多彩に用意し、現代風のアレンジもして楽しんでいただく。

以前この地域では、ひな祭りの日（桃や桜の咲く月遅れ）に、子供たちが「おひな様を見せてください」と家々をまわり、からすみをいただくというならわしがあった。いまは絶えてしまったが、暦に沿って農作業をし、節目節目に行事があり行事食があり、それで人のつながりも保たれていた。そうした季節とともにあるライフスタイルのよさも、体験活動で伝えていければと思う。

写真57　おこしもの。①祖父の代から伝わる木型（K）、②自然な食品で色づけ（N）

写真58　色づけに使う素材の一部。上：左からニンジン・紫芋・抹茶、下：左からシソジュース・ココア・クチナシ（N）

写真59　からすみ。きれいな模様をつけて蒸す（N）

第二章

素材が活きる子供と楽しむ、料理・加工、食べ方術

親に連れられて来た子が大人になって今度は自分の子と来たり、デートで訪れた若者が親や祖父母を連れてきたり。いのちある食べ物を楽しく食べた思い出は、いつまでも心と体を温め、明日へのエネルギーとなっていく。

採りたての食材を使って一緒に料理をつくり、食す。単品でなく、野山の幸も含めた季節の恵みを丸ごといただく農園レシピ。この章ではそのうちとくに喜ばれている料理・加工、食べ方術を素材別に紹介します。

(KM)

米

◇季節の恵みご飯

　菜の花、ツクシ、ワラビ、タケノコ、エンドウ、栗、ムカゴ、ピーナツなど子供と一緒に採ったものが、ご飯のなかにコロンと入っていたら、どんなに驚き、大喜びすることでしょう。遊びがご飯になるんですから。

　でも楽しいご飯になるか、味気ないご飯になるかはお母さんやオーナーさんの言葉かけ次第かなと思います。

エンドウご飯を例に

　去年の十一月にタネを播いて雪や霜に耐え、やっと五月に食べられることから説明します。

「花もきれいでしょ。いい香りもするよ」

　子「うわー、いいにおい!」「豆の木がお母さんで、実が子供なの。離れてくれるかなー」

「無理に引っ張るとお母さんが痛いからやさしくね」

「必ず両手を使ってね。片方の手で木を持って、もう片方の手で豆を持ってね」

「よ〜く見ると、みんなの肘みたいなところがあるでしょ。そこをクイッとひねるとポロッと取れるんだよ。やってみて」

　子「本当だ、おもしろーい」

　皮をむくときも「はい、みんな皮むいて」でなく、「豆をよく見ると、筋が太いほうと細いほうがあるけど、どっちを開けるのかな」。

　これはやってみるとわかる。植物の法則を知ると仕事が手早く、ラクにできることがわかり、顔が輝いてくるのです。

　開けると豆がぎっしり。「お母さんの木から栄養をもらうためにしっかりと莢についているね」

　単純な作業でも、いくつ入っているかな、何人兄弟かな、などと声をかけると楽しみになってどんどんむいていく。たまに一〇個入っているのがあると、大歓声。

　実がやわらかいうちは、生で食べてもらうととても甘くておいしい。よく熟した豆は干しておいて、また十一月に植えると芽が出るのよと話すと、持って帰りたいと言う子も多い。一粒の豆からいのちの不思議を感じる芽が伸びていくこともあるのだと思います。

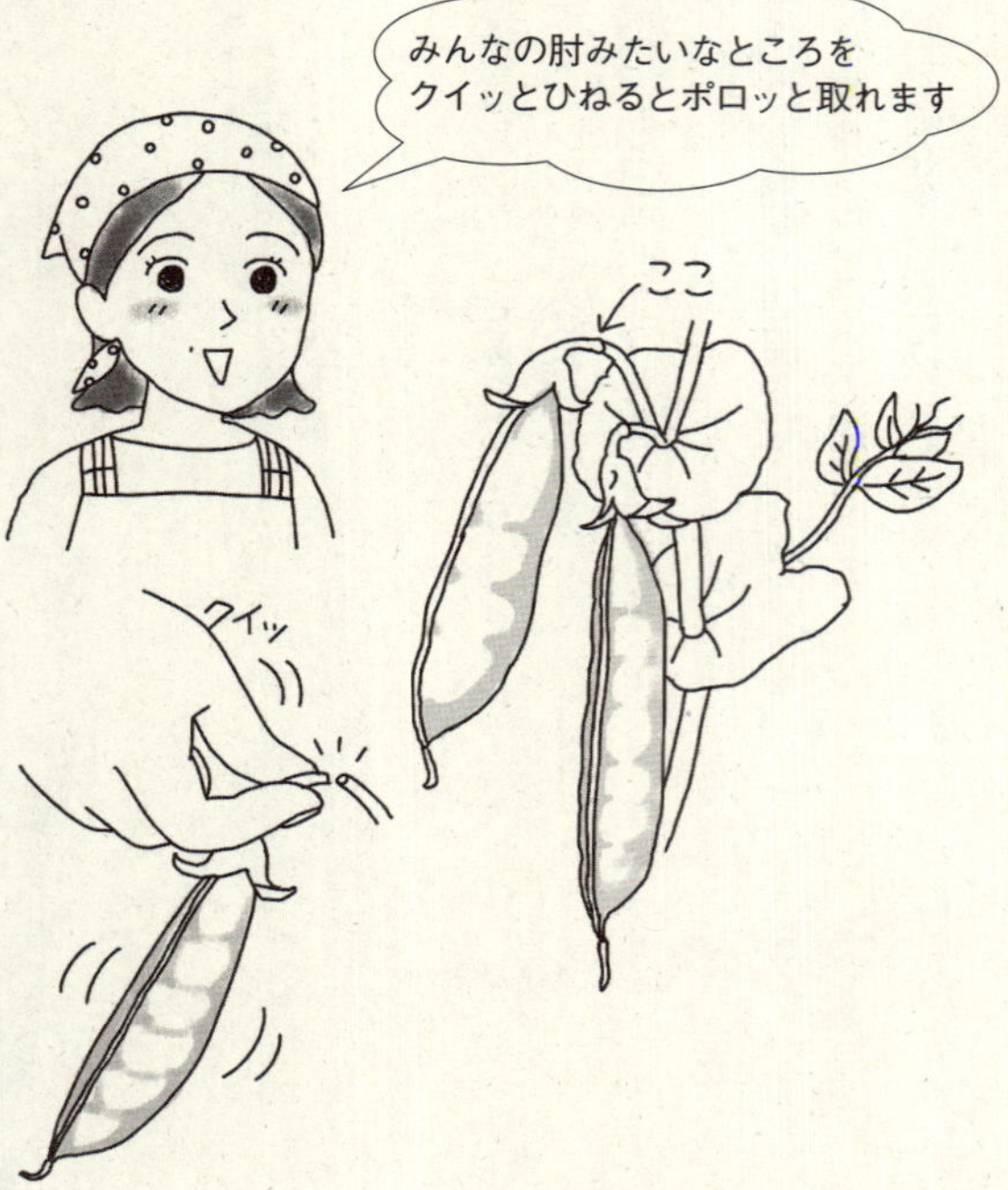
みんなの肘みたいなところを
クイッとひねるとポロッと取れます
ここ
クイッ

おいしいエンドウご飯の炊き方

むいた実を塩茹でにして冷めるまで置き、実と汁に分ける。冷めるまで置くと実にシワが寄らずふっくらしている。汁はご飯を炊くのに使い、実は炊飯器のスイッチが切れてから入れると、色も美しく味もよい。また、豆を出したあとの莢をご飯の上にのせて一緒に炊くと、味がよくなる。

エンドウご飯（N）
3合炊くのにのせる莢は10個ぐらい。莢は食べるときに取り出す

このほか季節の恵みご飯としては、ワラビをナムルにしたものを混ぜたり、ピーナツを生のまま炊き込んでみたり、ムカゴを油で炒めてご飯に混ぜたりしておいしくいただきます。

◇保存の味覚を活かしたお寿司

私の農園では、春先の手鞠寿司、春の野草のちらし寿司（44ページ写真）、四月のおひな様の巻き寿司、おいなりさん、五月の朴葉《ほおば》寿司（45ページ写真）、六月の柿の葉寿司、七月の野菜の握り寿司、八月の野菜とトマトちらし寿司、十月のお祭り用押し寿司など、いろんなお寿司をつくります。どれもご紹介したい、つくるのも食べるのも楽しくおいしいお寿司なのですが、今回は柿の葉寿司にします。

柿の葉寿司のつくり方

朴葉は山のなかまで採りに行くのが大変ですが、柿の葉なら町のなかにも結構あるので、家でもつくってもらえますね。なるべく若くてきれいな葉を、高枝バサミを使って採ってもらいますが、こんなおもしろい道具、子供は大好きですよね。でも結構難しい。枝を挟む向きで枝が落ちるときと落ちないときがあるのは、どうなっているのかよく観察してもらう。

柿の葉寿司（N）
葉の香りはあまり移らないが、彩りのよさに歓声が次々あがる

枝から葉をもぐのは一歳から二歳くらいの子供でもできる仕事なので遊び感覚でやってもらう。洗うのはちょっと大きい年中、年長さんくらい。タオルで拭くのは小学生やお母さんたちと流れ作業。

葉っぱの準備ができたら、いよいよお寿司づくり。売っている柿の葉寿司はきっちり箱形に包んであるけど、わが家はご飯と具をのせるだけのオープンサンド風。

ご飯をピンポン球くらいに丸め、葉の上に置いて平らにして、その上にニンジン、シイタケ、高野豆腐、佃煮、グリーンピース、卵焼きなど好きなように置いていく。

「いくつつくっていいの？」「ご飯と具と葉っぱが終わるまでいくつでもつくっていいよ」

次々とのせるものとデザインを考えて自由につくっていく。

「葉っぱが足らないよ〜」「じゃあ、また、採ってきてね」「やったーー「お花のせてもいいの？」「あっ、いいアイディアね。パンジーを採りに行こうか？」「ハーイ」

お店に行かなくてもほとんどの材料が、目に入る屋敷まわりで採れてしまう。魔法のようなおもしろ不思議な場所だと子供たちは思い始めている。

トッピングのバリエーションいろいろ

柿の葉の上に寿司飯を広げ、その上に先ほどの具のほかにもちりめんじゃこ、錦糸卵、キヌサヤ、チョロギ梅酢漬け、ビオラ……などいろんな具を彩り、味のバランスを考えながら置いていく。

具をのせたら大きめの深皿に放射状にどんどん重ねながら置いていく。最後に残った柿の葉で覆い、お皿、塩の袋などで重石をする。

そのあと、冷暗所に一時間くらい置き、味をなじませる。葉の香りはあまり移らないが、次々に出てくる作品に、僕のだ！ 私のだ！ と歓

合わせ酢（大きめのびんにつくりおきしておく）

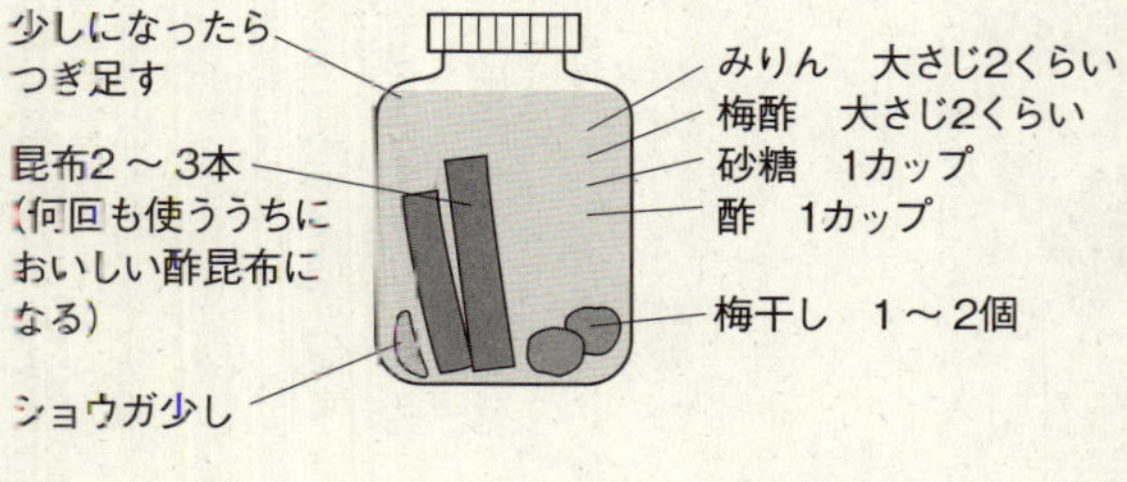
少しになったら
つぎ足す
昆布2～3本
（何回も使ううちに
おいしい酢昆布に
なる）
ショウガ少し
みりん　大さじ2くらい
梅酢　大さじ2くらい
砂糖　1カップ
酢　1カップ
梅干し　1～2個

春の野草のちらし寿司
トッピングした野菜は、菜の花、カキオドシ、ハコベ、オオイヌノフグリ
（撮影：高木あつこ 以下T）

声をあげながら取っていく。

野草の生命力をいただく、春の野草のちらし寿司

春休みの頃の定番メニューがこれ。寿司飯にトッピングするのは、道端や庭先のスミレ、オオイヌノフグリ、ハコベ、菜の花、ヒメオドリコソウ、ホトケノザなど。お客さんと一緒に摘んでつくる。

野草はあまりのせすぎないこと、大きな花をそのままのせないこと、ハコベやカンゾウなどの緑色の野草を少し入れることがコツ。ときには、モモの花も一枚ずつハラハラと散らす。ただし、桜やウメの花には苦味があるので使わない。

野原にはこんなにも美しい花がたくましく咲いている。その美しさと生命力をいただき、健康で幸せに暮らしてほしい。そんな思いでつくっている。

○材料

米三合／合わせ酢（前ページ図参照）一／二カップくらい／寿司の具（ニンジン五〇g、こんにゃく五〇g、シイタケ二枚）／寿司の具の煮汁（しょう油大さじ一、砂糖大さじ一、塩ひとつまみ）／トッピング用の野草　適量

○つくり方

①米を炊き、合わせ酢を混ぜる。

②ニンジン、こんにゃく、シイタケを大きめのみじん切りにし、鍋に入れる。

③シイタケの戻し汁をひたひたに入れ、しょう油、砂糖、塩で薄味に煮る。

④酢飯に混ぜ込み、大きめの器に盛り、春の野原のようにフワフワ、ハラハラと野の花を散らす。

◇麹づくり

ここ数年で塩麹が大変な人気となり、テレビや本で取り上げられ、発酵食や麹のよさが見直されるように

朴葉寿司（K）

ご飯に香りが移る「朴葉《ほうば》寿司」

葉っぱが若くて香りのよい五～六月のうちに朴葉寿司をつくります。

ご飯が熱いうちに、葉っぱにくるんで軽く重石をしておくと、葉っぱの香りがご飯に移ります。葉っぱに防腐効果があるのもうれしい。小さな葉っぱも無駄にせず、上下二枚で挟むようにします。

なりました。

塩麹は手軽につくれ、どんな料理もおいしくしてくれます。塩麹をよく使う方は、麹の値段が高いし、生麹が手に入らないのでつくってみたいという方が多いのです。

私もときどき麹づくりの講習会をやりますが、自分一人でやってみると失敗してしまったという電話がよく入ります。温度、湿度と衛生管理が難しいので何度か失敗してやっと上手につくれるようになるのが麹です。でも、少量なら無理してつくるより買ったほうがいいでしょう。

私は冬の間に米麹六〇kgと豆麦麹四〇kgをつくるので発酵機を使っています。機械を使っても最初は上手にできなかったのですが、二〇年たつうちにだんだんと質のよいものがつくれるようになりました。

とくに豆・麦の混合麹はよくできるようになり、田舎味噌、金山寺味噌、しょう油麹などに活用しています。

〈米麹〉

①よく精米した米を洗って、冬は二四時間くらい水に漬ける。ザルにあけ、三〇分くらい水切りする。

②蒸し器に入れ、蒸気が上がってから五〇～六〇分蒸す。セイロは木製がよい。

③床埋め　蒸し米を布にあけ、布団でくるんで三～五時間置く。熱かった米が徐々に冷め、種付け適温の四〇℃くらいになる。米の硬かった部分とやわらかかった部分が水分を調整しあって、ふっくらと弾力が出てくる。米麹の失敗は、この床埋めを行なわなかったことによる場合が多いので、ぜひ取り入れてほしい。

④種付け　蒸し米を広げ、固まりをほぐす。種菌は米の〇・一%。一五kgなら一五g。種菌を茶漉しに入れ、全体に均一にふりかける。米の一粒一粒に菌が入り込むよう、手早く強くギュギュッと揉み込む。

種付けの終わったときの温度は三〇℃くらいになる。

⑤引き込み　保温（三五℃）、保湿（九〇%）を二〇時間保つようにする。機械は自動でやってくれると思うと大間違いである。米を入れる三時間前よりスイッチを入れ保温・保湿をしたなかに入れてやるとよい。

湯たんぽ、コタツ、電気毛布などを使用する場合は熱源が直接米にあたらぬようにして、低温よりもむしろ温度の上がりすぎに注意する。

⑥切り返し　引き込み後、二〇時間すると表面がどんよりとしてくる。しゃもじで固まりをほぐし、上下・内外をよく混ぜる。

⑦盛り込み　機械の場合はそのままでよいが、そのほかの場合は麹用の箱（餅箱、段ボールでもよい）に五合から一升くらいずつ山のように盛り、保温を続ける。

⑧手入れ（第一回）　⑦から六時間たつと白い斑点が表面に現われ、少し麹の香りがしてくる。品温は三五℃くらい。

両手で米をよく揉み合わせ、菌が

塩麹、しょう油麹　納豆につけていただく（K）

均一に中まで繁殖するようにする。機械の場合は袋のなかにそのままだが、そのほかの場合は麹ブタいっぱいに、二～三㎜厚さに均一に広げる。

⑨手入れ（第二回） ⑧から六時間たつと米の表面はほとんど白くなり、品温は三七℃くらいとなる。米が少し固まりかけているので両手でよくほぐし、箱いっぱいに広げる。機械の場合は手入れして平らにする。

この二回目の手入れ以降は発酵が進み、自分で熱を出すようになるので保温する必要はない。機械の場合はスイッチを切り、ファンがまわるようにしておく。

⑩熟成期 ⑨から五～六時間たつと表面はますます白くなり、品温は四一～四二℃となる。もう手入れはしなくていいので、この状態を五～六時間保つようにする。温度の上昇に気をつけよう。この時期に菌糸が中心部に向かって伸び、ハゼ込み（米に菌糸が食い込む状態）のよい麹となる。

⑪出麹 ⑩から三五～三六時間たつとすっかり菌糸も広がり、米も硬くなり、品温も自然に三三～三四℃に下がってくる。

米が真っ白になりよい香りがして麹らしくなったら紙の米袋を広げたものの上などに広げて冷ます。

種付けからここまでおよそ五〇時間かかる。

麹づくり
①米が蒸し上がる、②種麹付け、③保温（以上N）、
④完成した麹（K）

〈豆麦麹〉

豆麦麹は米麹よりつくるのが難しい。うっかりすると納豆になってしまうからだ。私も何度、畑の肥料や鶏の餌にしたことか。ちょっとした温度の高さ、水分の多さ、消毒の不足、うっかり納豆菌の混入などが原因である。ちょっとでも粘りや納豆臭の出た豆は、一刻も早く処分する必要がある。同じ発酵機で米麹も豆麦麹もつくっているので、次に影響が及ばないようにする。しっかり洗浄、消毒すれば、同一の発酵機で米麹と豆麦麹を交互につくることも可能である。

○材料（発酵機を使用）

大豆　五升（約七kg）。三・五kgずつ二つのバケツに入れ水に漬ける。

押麦　四kg

香煎かきな粉　九〇〇g

豆麹菌　一二g

○つくり方

①水でふやかした三・五kgの大豆の水を切り、二升炊きと一升炊きの圧力鍋に分けて入れる。水は大鍋に一ℓ、小鍋に〇・五ℓ。水は多すぎても少なすぎてもおいしく煮えない。圧力鍋のさな（スチームプレート）は入れない。さなを使うと一度にたくさんの豆が入らない。

②点火してから三〇分で沸騰するので、弱火にして、五分間圧力をかける。火を消して三〇分で蒸気が抜けるので、ザルにあけ水気を切る。煮汁はあとで味噌の種水として使うので、腐らないように塩を一〇〇gくらい加えて保存しておく。

③すぐ次の大豆を煮始める。

④押麦はザルに入れ、一～二分水に浸すだけ。長時間水に浸すと大量に水分を吸収し、納豆菌発生の原因となる。

⑤セイロ二段に分けて入れ、蒸気が上がってから六〇分くらい蒸す。

⑥専用のシートの上に、二回分の大豆、蒸した押麦の順に広げ、三七℃くらいの温度にする。

⑦香煎またはきな粉に麹菌を混ぜ、⑥の上に均一にふりかける。

⑧長い竹べらを使って菌が均一に豆と麦のまわりをくるむように、そっと混ぜていく。

⑨冷めないうちに発酵機に入れ、三五℃以上にならないようセットする。

⑩二〇時間後に切り返す。

⑪五～六時間ごとに二～三回切り返す。

表面に白い斑点が出始め、やがて真っ白になり、徐々に緑色になっていく。地熱が上がってくるのでヒーターを切り、品温が上がりすぎるのを防ぐため、フタと本体の間に菜箸、木べらなどを挟んでおく。

⑫ほとんど緑色になったら取り出して冷ます。種付けから四日かかる。

⑬縁側などで二～三日天干しすると乾いて品質が安定し、甘味も増す。

豆と麦を混ぜたほうが豆の水分を麦が吸収してくれ、空気のとおりもよくなり、よい麹ができる。

麦（小麦、大麦）

◇粉もの

私の子供の頃のおやつは、ほとんどが母の手づくりでした。野良仕事の合間に少しの粉や残りご飯を使って、おいしいものをつくってくれるのです。その手際の良さに見とれたものでした。いまでも台所仕事をしていると、母の手の動き、温かさ、ほほえみ、やさしい時間がよみがえってきます。心を込めてつくった食べ物は栄養分だけではない、心と体を温め続けてくれるエネルギーがつまっているようです。すぐ食べられるのがファミレスやコンビニのご飯だとしたら、なかなか食べられないのが農家のご飯です。しかもお手伝いしてやっと。そんなおいしさを待つ時間をともに過ごし、味わってほしいのです。

粉ものをつくるときには、石臼で砕いた粉を少しでも混ぜるようにしています。重たい石臼をゴロゴロまわしてやっと出てくる少しの粉。舐めてみるとほんのり甘く、香ばしいものです。

◎小麦粉はクッキーやパン、ピザ、ナン、まんじゅうなどに。

◎米粉はヨモギだんご、柏餅、おこしもの、お菓子などに。

◎きな粉は餅つきのときやげんこつ飴などに少しずつ混ぜて使う。

粉ものは何でもつくりますが、ここではまず残り野菜も使えて大人にも子供にも大人気の塩味スナック「残菜クラッカー」から。

◇残菜クラッカー

○材料

小麦粉二〇〇gに対し、野菜のみじん切り一〇〇gくらい。タマネギ、ニンジン、ピーマン、バジル、トマト、紅芯ダイコンなど彩りがよいように考え、二mmくらいに。

○つくり方

①ボウルに、小麦粉と野菜を入れてよく混ぜる。

②ナタネサラダ油を大さじ二、水大さじ二くらい、塩、コショウ、ごまも大さじ二を加えてよくこねる。好みで、酒粕やオカラをそれぞれ大さじ二ずつ加える。野菜やオカラなどの水分によって硬さが違ってくるので、水の量は加減する。

③麺棒で厚さ二mm程度に伸ばし、フォークで穴をあけ一cm×二cmくらいに切る。

④③を天板に並べ、一五〇℃のオーブンで三〇分くらい焼けばでき上がり。

ヨモギ、ユズ、味噌、サンショウ、ハーブなど、そのときどきの香りを加えると楽しい。子供が手伝える仕事もいっぱいある。切る、混ぜる、こねる、伸ばす、分割する、並べる……。

◇まんじゅう（おやき）

○材料

薄力粉五〇〇g、砂糖大さじ一、塩

柏餅づくり（左）とお茶がら入りクラッカー（右）（K）

小さじ一、重曹五g、酢五〇cc、あん（野菜、味噌・砂糖、ごま油適宜）

〇つくり方

①材料を混ぜ、水二五〇～三〇〇ccと酢五〇ccを合わせた液でこね、生地をつくる。

②タマネギ、ニンジン、ピーマン、ナスなどをみじん切りにしてごま油で炒め、味噌・砂糖で味付けする。

③生地を二〇個に分け、②のあんをくるんで、強火で一〇分蒸す。

野の花そうめん（上）と花のいろいろ（K）

◇野の花そうめん

①ナス、タマネギ、ニンジンなどをごま油で炒め、水を加えて煮る。

②濃いめのしょう油味にして、花がつおを軽くひとつかみ入れて火を止め、よく冷ます。

③茹でたそうめんはザルにひと箸分ずつ盛り、夏の花（ポーチュラカ、カタバミツユクサ、ツキミソウ、ホタルブクロ、カンゾウ、キンレンカの花など）を散らす。薬味として一緒に食べる。

◇ピザ

農園にはレンガ造りの大きなピザ窯があり、ピザ、パン、野菜などを焼くのに活躍している。二〇〇九年たくさんの方に参加してもらい、ワークショップ形式で完成させたものだ。温めるのに三時間もかかるので子供会や学校など人数の多いときでないと稼働させられないが、火が赤々と燃える様子、たちまち香ばしいピザができ上がってくること、そしてとびきりおいしいことなどからピザづくりはとても人気がある。食べるまで二時間以上もかかる世界一お客さんを待たせるピザ屋さんかもしれない。

子供たちはピザが大好き。どうやってつくるのか興味津々でやってくる。でも、すぐにピザが焼けるかというと大間違いで、まず小麦粉づくりから始まる。

〈小麦粉をつくる〉

小麦は農園の畑でつくっている。

①刈り取って束ねて軒で干してある小麦の束を取ってきてもらう。

②穂先だけ切って一〇本分くらいを紙の皿にのせる。どうやったら小麦の粒が穂から離れるのかと考えてもらう。ヒントはモミガラ。私が小麦粒とモミガラを分けておいたのを見せ、両手をすり合わせてみると、両手の間に挟んで揉めばいいとわかる。

③次は、小麦粉とモミガラの選別。

最初は一粒ずつ選り分けてもらうが、とても時間がかかりそうなのでどうしたら早くできるか考えてもらう。「モミガラはすごく軽いんだよ」と話して、ちょっと息を吹きかけてみせると、すぐに分別できるのにビックリ。息の吹き加減が難しいけれど、きれいに選別できることがうれしい。

④石臼で粉にする。

石臼のなかがどうなっているか見てもらう。

穴に一度にたくさん入れると粗い粉になってしまうので五～六粒ずつ入れてはゆっくり左へまわしてもらう。とても重たいのだけれど小さい子も自力でまわしたがる。二人一組も楽しそう。最初はなかなか粉が出てこないのだが、何回もまわしているうちにやっとパラパラと出てくる。ちょっと舐めてもらうとほんのり甘くて香ばしい。粉が茶色なので不思議そう。市販の白い粉は外側の茶色の皮をはいでから製粉すること、皮はフスマといって飼料にされること、フスマに本当は栄養があることなどを伝える。

石臼を見るのも使うのも初めての子がほとんどなので、珍しくおもしろくてあきずにゴロゴロとまわしてくれる。

いろいろと話をしながら作業するのが楽しい。「石ウスの出てくる昔話、知ってる？」「うん、知ってる、サルカニ合戦！」「それは石ウスじゃなくて木のウスだよ」「私、知ってるよ。海の水はなぜ塩からいかっていう昔話!!」私も小さい頃読んだ欲張りなおじいさんの話。

出てきた粉を手の甲につけて「お母さんですよ、ドアを開けて」というと子供たちが大喜び。オオカミと七匹の子ヤギの話はみんな知っている。話の続きをしてくれる子もいる。真似して手を白くして遊ぶ子もいる。

順番にぐるぐるまわしているうちに粉がだいぶたまってくる。小さいほうきで集めてボウルに入れ、粗めのザルでふるう。

一五分くらいで一～二カップくらいの全粒粉ができる。

〈ピザ生地をこねる〉

①ボウルに購入した粉（国産の自然食品）五〇〇gを量っておく。小

ピザづくり①（右から）穂を揉んで脱粒、息を吹いて風選、石臼で製粉（K）

皿にイースト小さじ一、砂糖大さじ一、塩小さじ一と一／二を量っておく。デジタル量りで重さを計量すると正確で早い。ペットボトルにぬるま湯三〇〇ccを入れておく。

②購入した粉のボウルにみんなでつくった小麦粉を五〇gくらいずつ入れる。色の違いにビックリする。

③砂糖、イースト、塩の順に加え、箸で混ぜてもらう。ぬるま湯と油大さじ一を入れ、最初箸で混ぜてもらう。水がまわったら、手でこねてもらうとベトベトにならない。

④よくこねたら丸くしてボウルのなかに入れ、フタをして暖かいところへ置く。寒い時期はコタツのなかへ入れ保温。

〈ピザのトッピングを探しに行こう〉

夏　トマト、ナス、ピーマン、トウモロコシ、ズッキーニ、バジルなど、トッピング材は豊富にあるが、ほかの季節も探せばいろいろとおいしいものが発掘される。

春　シイタケ、タケノコ、菜の花、タンポポ、ブロッコリー、フキノトウ、ワラビ、ジャガイモ、イタドリなど。

秋　サツマイモ、カボチャ、ピーナツ、栗、リンゴ、ホオズキトマトなど。また十月頃まで夏野菜も採れる。

冬　豆腐、こんにゃく、煮豆、手づくり納豆、おでんの具、キンピラ、ホウレンソウ、ネギ、セロリ、茹で卵など。

〈トッピングを切ろう〉

子供たちは包丁を使って野菜を切るのが大好き。お母さんも子供も忙しくてゆとりがないし、ふだんなかなかやらせてもらえない。二〇人子供が来れば一〇人は大人がついてくるので、指導をお願いする。指を切らないよう注意してもらいながらいろいろ切ってもらう。

切っている様子を少し観察すると、問題点が見えてくる。包丁で押しているだけでは切れないので、前後にリズミカルに動かすことでスッと切れていく感覚を覚えてもらう。なるべく皮をむかないこと、捨てる部分を最小限にすることなどを伝える。輪切り、半月切り、イチョウ切り、千切り、みじん切りなどの名称と切り方も覚えてもらう。正しく美しいみじん切りの方法は大人でも知らない方が多い。

〈ピザをつくろう〉

畑でいろいろ採ってきて、切っているとちょうど一二時頃になる。

①ピザ生地も二倍以上にふくらんでいるのでガス抜きして六〜八分割する（大人中心のときは六つに、小さい子中心のときは八つに）。麺棒で五㎜くらいに伸ばしたらそっと持ち上げて、打ち粉をしいたプレートの上にのせる。

②ピザ生地の縁を一cmくらい残してソースを薄く塗る。ソースは手づくりのトマトソース、味噌ソース、バ

ピザづくり②
（右から）粉を練る、ピザ生地を伸ばす（K）

ジルソース、フルーツソースなど。どれもおいしいが、農園らしいのは味噌とフルーツソースだ。

トマトソース　ニンニク一かけ、タマネギ一個を炒め、トマト大二個、トマトケチャップ一／二カップ、ローリエ、ハーブソルト小さじ一、塩麹小さじ一を入れ煮る。

味噌ソース　すりごま（クルミ、ピーナツ、エゴマでもよい）と味噌と砂糖と水が、見た目でほぼ同量くらいの割合。好みでショウガ、ユズ、シソ、サンショウなどを入れる。このソースはほかの料理でも使える。

バジルソース　材料はバジル（青ジソでもよい）三〇〜四〇g、オリーブ油かグレープシードルオイルかナタネサラダ油一／二カップ、炒ってすったクルミ、ピーナツ、松の実、カシューナッツなど二〇〜三〇g、ニンニク一かけ、塩小さじ一／二か塩麹小さじ一。以上を、ミキサーかフードプロセッサーでペースト状にする。びんに入れ、冷蔵で保存。

フルーツソース　手づくりの梅ジャム（75ページ参照）を水で二倍くらいに薄めて使う。最後のほうのデザートピザで、バナナ、ブルーベリー、イモ、カボチャ、チーズをのせる。

③ソースを塗ったら好きなものを彩りよくのせ、チーズをかけて、ピザ窯の前の大理石のテーブルに運ぶ。

④夫がヘラですくってピザ窯へ移動。時間差で三つか四つ入れ、順に位置や向きをかえながらおいしそうに焼いてくれる。三〇〇℃くらいの温度で、約三分で焼ける。

火が燃える様子や焼けていく様子を見てもらえる。焼くところをやってみたそうな人もいるが、スッと下ろしたりまわしたりするのが職人技なので、難しい。ほとんど夫が一人で三〇〜四〇枚焼き続けてしまう。

〈ピザを食べよう〉

焼きたてのピザを大皿の上にのせ、ピザカッターで八つに切ってもらう。自分のつくったのを一枚ずつ食べていては最後の人がお腹が空いてしまうので、八人で食べてもらえれば、四枚でみんなが熱々のピザが食べられる。最初はトマトソースでつくって、次は味噌かバジル。味噌味はピザ屋さんでは食べられないし、野菜とマッチして香ばしく、とてもおいしいのでまた味噌ソースでトライする方が多い。

バジルソースは香りがとてもよく、お母さんにも人気がある。ハーフ＆ハーフで味噌とバジル、トマトと味噌でつくってみたりもする。

チーズが嫌いな子、アレルギーの子もいるので、かわりに塩麹豆腐、オカラのサラダを使う。

野菜嫌いの男の子たちはチーズだけ、チーズとベーコンだけでこっそり焼いてもらおうとするが、すかさずお母さんに発見され、ピーマンやナスを放り込まれる。でも焼きたてはどれを食べてもおいしい！

食べてはつくり、焼いては食べ、またつくりを繰り返しているうちに

ピザづくり③
（右から）トッピングし、ピザ窯で焼く（K）

お腹もだんだんふくれてくる頃、締めのデザートピザになる。

梅ジャムを水でゆるめたソースとバナナ、サツマイモ、ブルーベリーなどの味のハーモニーがすばらしく、忘れられない味となるようだ。

ピザランチのときのメニューはほかに野菜スープ、サラダ、漬け物、薄味の煮物などもつく。お年寄りや赤ちゃん、ご飯好きの人のために、ご飯も少し炊いておくと喜ばれる。

〈片づけ〉

農園では強制ではないが、片づけも一緒にやってもらう。汚れた皿は新聞紙で拭くと洗うのがとてもラクに。ほとんど洗剤なしでもアクリルタワシで洗うときれいになる。

お母さんたちは毎日大変忙しいので、今日は子供たちで片づけようと提案すると、みんな張り切ってお手伝いしてくれる。洗う→ゆすぐ→水切りかごへ入れる→拭く→しまう、などを分担して、親も目を見張るほどテキパキとやり遂げてくれる。

私は有難う、助かる、うれしい、すごいね、水冷たくない？　と声をかけていく。残飯は少ないのだが、硬いものはコンポストに入れ、おいしそうなものはニワトリへあげにいく。テラスの床に落ちたものは、下の池で待ちかまえている魚へ投げてやると、フナやハヤがさーっと寄ってくる。片づけなさい、ゴミを拾いなさいとうるさく言わなくても、テーブルの上も床もたちまちきれいになる。

その頃夫は陶製のパン焼きケースでゆっくり発酵させておいた山型食パンを温度の下がった釜に入れておいてくれる。一時間くらいでふっくらおいしい石窯パンが焼き上がる。余熱も無駄にしないでクッキーや焼き芋もできる。

そのあと、まだ赤く炭のように燃えている薪は火消し壺に入れ、消し炭にする。残った灰は冷めてから畑の肥料にする。豆や芋に与えるととてもよく育つ。

余り物を捨てずに有効利用する農家の暮らしを、ピザの味とともにときどき思い出してほしい。

焼けたピザをいただく（K）

〈食べ終わったら……〉

片づけが終わると、ツリーハウスや下のビオトープで遊んだり、広い古民家でおもちゃで遊んだり本を読んだりしてゆっくりのんびり過ごしてもらう。

お母さんたちは庭の木陰でおしゃべりを楽しみ、ふだん仕事で疲れているお父さんは昼寝をしている。

時間にゆとりがあると午後のおやつタイムがある。夏はスイカやゼリーだったり、秋は焼き芋だったり。

記念に来園者名簿に名前を書いて、おみやげを買い会計を済ませて帰る時間になる。大人たちは、まだまだ帰りたくない、ますますここにいたい子供たちを、「また絶対連れてきてあげるから」と約束して車に押し込む。

ずっと手をふってくれる皆様に私たちも車が見えなくなるまで手をふってお別れし、山のピザの日は終了していく。

お手軽ベーコン

ピザを焼くときは庭の隅でベーコンもつくる。立ち上る煙と香ばしいスパイスの香りがみんなの食欲をそそる。本格的なつくり方は肉を塩漬けしたり塩抜きしたり、何日もかかってとても大変。販売目的ではないので、短時間でつくり、みんなで食べてしまう簡単なベーコンです。

○材料

豚バラ肉　なるべく脂の少ないもの。ロースでもよい。四五〇gくらい。

調味料　塩麹大さじ一、しょう油小さじ一、ハーブソルト小さじ一〜二、ニンニク一かけ、ショウガ少々、ローリエ三〜四枚、梅酒大さじ一、砂糖小さじ一

燻材　桜のチップ二つかみ（枝をオノでカットした荒いものでよい）、湿ったお茶のだしがら、ミカン皮、ローリエ、その他のハーブ。

○つくり方

①バラ肉一本を四つに分ける。急ぐときは八つに切る。

②小分けした肉に調味料をしっかり揉み込む。

③ビニール袋にきっちりと詰め、空気を抜いて、しっかり口をとじる。

④冷蔵庫（パーシャルかチルド）に入れ、ひと晩味をしみ込ませる。

⑤次の日、袋から出し、小さな水切りバットか天ぷらの油切りのような下に受け皿のついた網にのせ、冷蔵庫の上段の空間に一日置いておくとよく乾き、煙がつきやすい。

⑥燻製器の下に燻材を置く。ベーコンをS字フックにひっかけてセットする。

⑦火力を調節しながら約二時間（一〇時から一二時頃）燻煙する。お客さんに焼き始めの状態と焼き上がった状態を見てもらう。

⑧少し冷めたら薄く切ってピザに使う。できたてを味見してもらうと、そのやさしい味わいが喜ばれる。

冷蔵庫のパーシャルでしばらくもつので、サラダやスープにも使える。

芋・こんにゃく

ジャガイモ、サツマイモ、サトイモ、どれもおいしく、掘るのも楽しいですね。

なかでもサツマイモの掘りたては美しい色をしています。お店で売っているのと違う、しっとりした美しさを覚えておいてほしいと思います。また食べておいしく、遊んでおもしろいのがイモヅルです。

サツマイモの蔓　両手の間の部分の葉柄を食べる（K）

やわらかそうな茎を洗って皮のまま三cmくらいに切り、少量のニンジンの千切りを加えて炒め、塩麹で味付けし、最後にハーブソルトで調えたキンピラはとてもおいしい。また、ごくやわらかいうちはそのまま三cmくらいに切ってさっと茹で、ごま和え、味噌和えにしてもおいしいです。

イモヅルでネックレスや聴診器、牛の鼻輪のようにして遊んだり、葉と葉柄を取ったあとのしっかりした茎は手づくりリースのベースにもなります。

◇ご飯入りコロッケ

フライパンのなかで具材を合わせてしまうので片づけも簡単。シンプルな割合で覚えやすい料理です。

○材料

ジャガイモ（サトイモ、カボチャでも可）、タマネギ、ニンジン（葉も利用）、ニンニク、ご飯、小麦粉、パン粉、油

○つくり方

①ニンニク、タマネギ、ニンジン、ニンジン葉などをフライパンで炒める。

②①をフライパンの隅に寄せ、炒めた野菜と同じくらいのご飯を入れ、蒸してつぶしたジャガイモ（サトイモ、カボチャでも可）も一緒に入れる。野菜とご飯、ジャガイモの割合は図のとおり。一対一対二でも、一対一対一でもよい。

③フライパンのなかで材料を混ぜ、塩コショウで味を調える。

④小判型にして水溶き小麦粉、パン粉の順につけ、油で揚げればでき上がり。

②のご飯はチャーハンなどの残りでもよいが、冷たい場合は少し温める。ご飯を入れることで、生クリームや卵、挽肉が入らなくてもクリーミーで味わい深いものに。また、フライパンの上で量を合わせるこのやり方なら、材料を何gと数字で覚えるより、料理の〝勘〟が養えます。

フライパンの中で具材を合わせるので片づけも簡単。割合もシンプル
炒めた野菜：1
蒸してつぶしたジャガイモ：1〜2
ご飯：1

◇サツマイモで芋きんとんほか

○材料

サツマイモ中一本（二五〇～三〇〇g）

砂糖　サツマイモの正味重量の二〇%くらいだが、イモの甘味やお客さんの好みによる。

バター　正味重量の二～三%

○つくり方

①サツマイモは皮のまま圧力鍋で五分蒸すか、二cmくらいに切ってレンジで五分くらい加熱する。

②少し冷めたら皮をむき、砂糖を加えて熱いうちにすりこぎでつぶす。好みでバターを少量加えると風味がよくなり、ツヤも出てなめらかになる。裏ごししないで、少し粒々感が残るくらいでよい。

　イモの色が薄いときはカボチャを少量混ぜると、きれいでおいしそうな色になる。

（お客さんと一緒のときは、蒸したイモだけのもの、砂糖を加えたもの、バターを追加したものをそれぞれほんの少し味見をしてもらうとよい）

③②を一五～二〇gくらいに丸める。

④布巾（ガーゼ、さらし、ハンカチなど）をぬらして、軽くしぼっておく。一五～二〇cmの正方形がよい。

⑤布巾を広げて中央に③を置き、てるてる坊主型にする（図）。

⑥左手を上に向けて、親指と人差し指の間に⑤を挟む。右手でギューッとてるてる坊主の体の部分を引っ張る。右手の親指でてるてる坊主の頭をグッと押して底をつくる。

⑦布を取るとお店で売っているような山型のきんとんが現われる。てるてる坊主の引っ張り加減で、いろんなかたちになるのが楽しい。台所は笑顔や拍手がいっぱいで、もう一つ挑戦してみたくなる。

⑧栗の葉、エゴマやシソの葉、サツマイモの葉などの上にのせると趣がある。

　農園ではおやつは、最後のほうに出すのでほかの料理のようにお客さんに皿を洗ってもらうゆとりがない。食べきれない方やおみやげに持って帰りたい方は、そのまま葉っぱにくるんでお持ち帰りしてもらえるので、葉っぱのお皿は一石二鳥かと思う。

　なお、芋きんとんの表面に卵黄（卵黄一個、水小さじ一／四、塩ひとつまみ）を塗り、オーブントースターで五分焼くと、かわいいスイートポテトに。

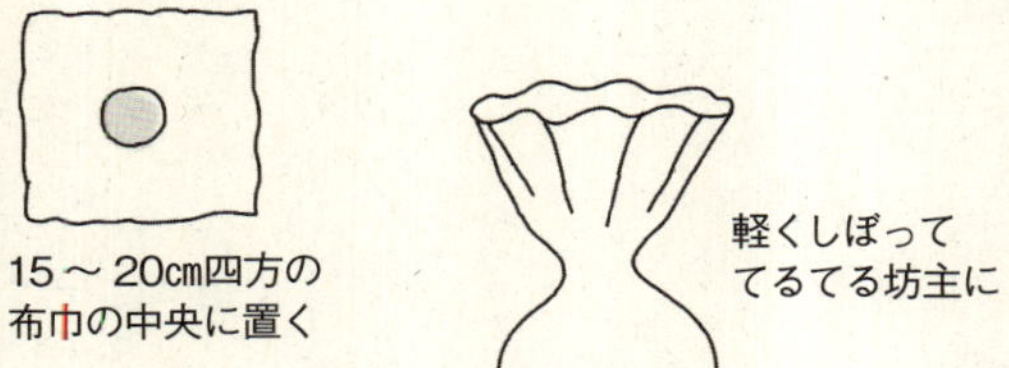
15～20cm四方の
布巾の中央に置く
軽くしぼって
てるてる坊主に

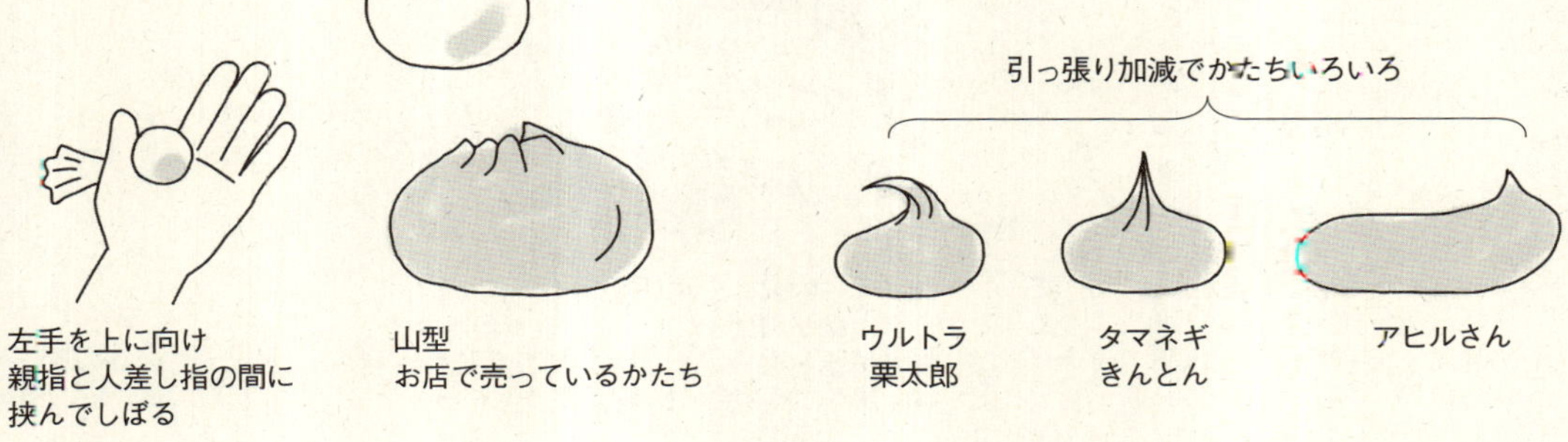
左手を上に向け
親指と人差し指の間に
挟んでしぼる
山型
お店で売っているかたち
引っ張り加減でかたちいろいろ
ウルトラ
栗太郎
タマネギ
きんとん
アヒルさん

◇生イモからつくるこんにゃく

畑の片隅にコンニャクイモを植えておいて、冬場、自家用に手づくりするのを楽しみにしている人は多いのではないでしょうか。各地で昔ながらの、こだわりのつくり方があると思います。一般には苛性ソーダで固める人が多いですが、ソーダは体によくありません。今回は水酸化カルシウムを使って、どなたにも失敗なく、手軽においしくつくれる方法を紹介します。生イモの皮をむき、すりおろして鍋で煮るやり方よりも歩留まりがよく、ラクです。

芋の見たてと水加減が大切

おいしいこんにゃくづくりの一番のコツは素材にあります。「どうしてもこんにゃくが上手にできない」という方のイモを見せてもらうと、いかにも水っぽそうな茶色の皮のイモです。用心して水を少なめにし、イモの重さの二倍量でミキサーに。それでも水が多かったようで、味気のないこんにゃくになってしまいました。

柿の木の下でミョウガと一緒につくっていたので水気が多かったようです。本を見ても、人に聞いても、

収穫期のコンニャク（K）

生イモこんにゃくのポイント

イモの質、水加減、茹で加減、カルシウムの量などに気をつければ、おいしくできるはず

▼茹でたイモを混ぜる水加減

水

新しいイモは水の量を控えめに、よく干したイモは多めに

▼締まったイモを使う

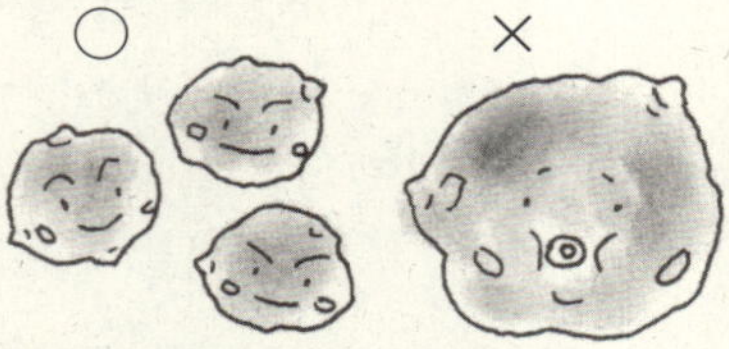
○
×

土手や畑でほったらかしで育ったイモは粘り・旨味がある。化学肥料などで2～3年で肥大したイモは水っぽくてまずい

▼石灰を加えたときの色とニオイ

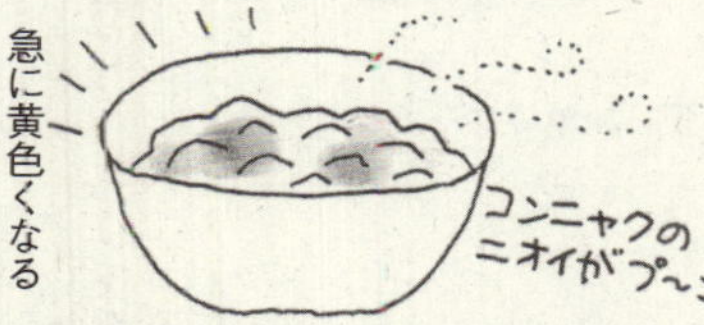
急に黄色くなる
コンニャクのニオイがプ～ン

このような変化のないときは失敗。石灰が古いか量が少ないか。また、塩分が混じったか（「こんにゃくづくりでは『塩』という言葉を言ってもいけない」といわれている）

▼強烈なアクに注意

生イモは大変えぐみが強く、誤って口にすると針が刺さったような痛みが何時間もおさまらない。まな板・包丁なども、よく洗うこと。手がかゆくなる人もいる

生イモこんにゃくのつくり方

<材料>
・コンニャクイモ1kg
あまり大きくないほうがよい。大人のゲンコツくらいから1kgくらいが理想
・水3～4ℓ
イモの重さの2～5倍（ふつうは3～3.5倍）。イモの水分によって違う
・水酸化カルシウム10g
イモの1%。こんにゃく屋さんや薬局で入手。保存はびんなどに入れ、しっかり密閉しておかないとダメになる

①イモを洗って切る

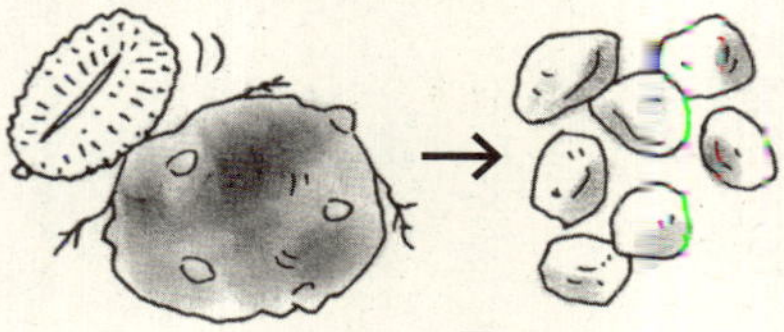

タワシでよく洗い、ヒゲ根・芽を取り、卵大に切る

②イモを蒸す

30分くらい。箸がスッと通る程度。圧力鍋で蒸すと早い。蒸しすぎに注意（成分が流出する）。冷めたら芽や皮の汚いところを取る
圧力鍋なら5分加熱

③ミキサーにかける

2ℓ
2ℓ

ペットボトル（水）

イモに水を加え、3～4回に分けて20秒ずつかける（長くかけすぎるとコシがなくなる）。水はミキサーをゆすいだり、カルシウムを溶くぶんも分量内で

④置く（硬くなる）

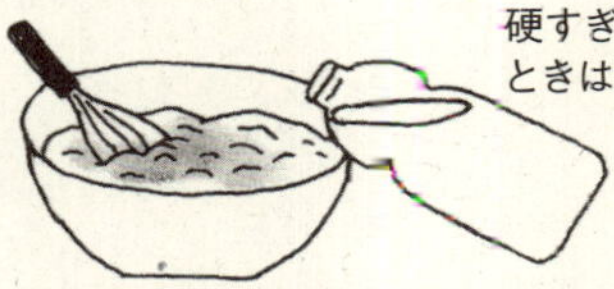

硬すぎてボソボソのときは水を足す

ステンレスの大きなボウルに入れる（アルミはダメ）。15～20分でシャビシャビからブリブリになる

⑤水酸化カルシウムを加える

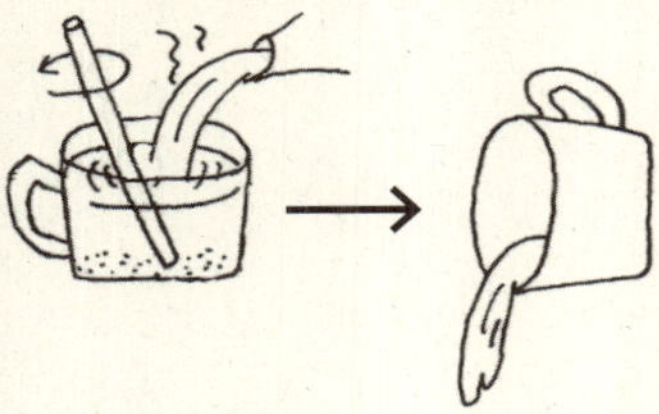

コップに入れて、湯を注ぎ、よくかき混ぜて溶かしてから④のこんにゃくに入れる

⑥手早く混ぜる

手の荒れる人はゴム手袋をはめる

よく混ぜると粘りが出て餅状になる。混ぜすぎるとボロボロになるので注意

⑦取り分けて茹でる

手で丸め、沸騰したお湯で30分くらい茹でる。
また、たくさんつくるときは、バットに入れてならし、30分置いてからフライがえしで切り分けて入れる

大きくふくらんで、白っぽくなり、弾力が出て、硬くなったらでき上がり（N）

茹でたては「茹で卵」のような味。いったん冷めたものを温めても二度と味わえません。つくった人だけに許される最高の味です

⑧水にさらす（アク抜き）

冷水にとって半日くらい置く。早く食べたいときは、薄く切って冷水にさらせば大丈夫。保存は茹で汁につけ、冷蔵庫に入れる

「水は四倍くらい」だったので、それでやったら何度つくってもダメだったとか。イモを陽あたりと水はけのよいところに植えかえるようアドバイスしました。

イモの見たてと水加減は経験を積むしかありません。

花が咲いてしまうつくるのをためらっていたら

私のふるさとはコンニャク産地の群馬県です。昔、母が山の親戚から種イモをもらい、庭の隅に植えました。株は大きくなったのですが、母は一応こんにゃくのつくり方を教わったものの、慣れない作業のため、どうしても取りかかれません。そのうち、紫色の変なニオイのする気持ちの悪い花が咲いてしまいました。花が咲いたらもうオシマイ。

栽培したことのない人は、ぜひ種イモを入手し、化成肥料をやらずにじっくり育ててみてください。三年後が楽しみですよ。コンニャクイモは「生子」(子イモ)をつけるので増やすことができます。そして、母のようにためらわないよう、このレシピを参考にしてつくってみてくださいね。必ず上手にできますよ。

◇粉からつくるこんにゃく

○材料

コンニャク粉一袋(二五g)、凝固剤一袋(一・五g)、水一ℓ、そのほかお好みでニンジン、ピーマン、シソ、青のりなど五〇gくらい、オカラこんにゃくにする場合はオカラを一〇〇gくらい。

○つくり方

①大きめの鍋(アルミ以外の)に水一ℓを入れ、火にかける。少し温まったら、コンニャク粉を少しずつ入れ、泡だて器でよく混ぜる。強火にして、木しゃもじで混ぜながら煮る。

②ノリ状になり、プクンプクンと気泡が発生するようになったら、火を弱める。底が焦げないようによくかき混ぜながら、三分間煮る(具を入れるときはここで入れ、よく混ぜる)。

③凝固剤を一〇〇gのお湯で溶かし、熱いうちに入れ、泡だて器で手早く混ぜる。初めはボソボソになり、失敗したかと思ってしまうが、木しゃもじにかえて、餅状になるまで手早く混ぜる。いつまでも混ぜすぎないように注意する。

④ゴムベラを使って③をバットなどに移し、表面を平らにする。

⑤大きめの鍋にお湯を沸かし、④を四〜八等分に切って入れ、沸騰するまで強火で煮る。火を弱めて一〇分くらい煮る。ふっくらして弾力が出てくればでき上がり。

つくりたてはアクがあるので半日ほど水にさらす。すぐ食べたいときは薄く切って、しばらく水にさらすか、さっと茹でる。

保存は冷蔵庫で一週間くらい(水には入れない)。お刺身、煮物、炒めもの、唐揚げ、カツ、和えものなどで。

粉からつくる野菜入りこんにゃく（K）
①粉を鍋で煮溶かす、②鍋で加熱、③オカラを入れる、④細かく切った野菜を入れる、⑤凝固剤を入れて固める、⑥鍋から出して平らに、⑦切り分けて茹でる、⑧ピーナツ味噌でいただく

大豆

◇豆腐・オカラ

豆腐はわが体験型農家レストランの主役。必ずできたてのホカホカを食べていただきます。

豆腐づくりはふつう、大豆をつぶしてから口に入れるまで一時間半から二時間かかります。けれども、わが家のような農家レストランでお客様をそんなに長くつきあわせるわけにはいきません。わが家の場合は約四〇分。その間、呉汁の泡を「クリームみたいでおいしそう」と舐め、ホカホカのオカラも「あまーい」とつまみ、豆乳も「すっごくうまい!」と飲み、おぼろ豆腐も「いけるねえ」とすすり、湯葉もつっついてペロリとやってもらいます。

今回は手軽に短時間でできるそんな私流の豆腐づくりを紹介します。

ニガリ少なめ、消泡剤なし、天然塩でおいしい

最近は天然ニガリを使用した豆腐もよく見かけますが、化学薬品が使われている商品もあります。わが家では天然ニガリを使います（「食養にがり」といいます）。天然ニガリは化学薬品に比べて同じ大豆の量から豆腐が二分の一〜三分の一しかできません。でも、そのぶん、味は濃くなります。

また、わが家で使う天然ニガリの量はおそらく通常の七割くらいです。これは、やや高めの温度で豆乳にニガリを打つからです。豆乳は温度が高ければ高いほど、少ない量で固まります。ニガリの量が少ないぶん豆腐に苦味が残らず、甘味・旨味が引き立ちます。

さらに、わが家では消泡剤をいっさい使いません。消泡剤は文字どおり、泡を消して凝固ムラをなくしたり、口あたりをなめらかにするほか、大豆のコクを引き出すと言われますが、私は消泡剤なしのほうがおいしいと思います。豆乳に天然塩を加えるので「間の抜けた味」にならず、調和のとれた味に仕上がります。

でき上がった豆腐はニガリが少ないので水にさらす必要がなく、おいしさや香りを逃がしません。

約四〇分ででき上がり

短時間に豆腐がつくれるようになったのは、「常識の[illegible]」に言われて

わずか40分でおいしい豆腐。花や野菜で飾る（KM）

いるけど、本当は無駄なのでは？」と思う工程を省いたからです。

例えば、呉汁はあまり長く煮ないほうが豆の香りが活きます（ふつう弱火でじっくり）。高温でニガリを打つので五分で凝固します（ふつうは一五分）。水切れのよい型なので、重石なしでも五分でつながります（ふつうは八〇〇gの重石で一五分）。ニガリが少ないので水にさらしません（ふつうは三〇分）。そのほか、作業しやすいよう道具や分量、段取りも工夫しました。

なお、豆乳は温度が高ければ高いほど少ないニガリ量で固まります。が、温度が高すぎると泡だらけになってしまいます。ニガリを打つ温度は「やや高め」がポイントです。

もめん豆腐のつくり方

〇材料（二丁分六〇〇g）

大豆　四〇〇g（約二カップ半）。よく洗い、三倍量の水に浸し（夏八時間、冬二〇時間くらい）、十分にふっくら戻す。ぜひ地元産を。

天然ニガリ　自然食品店や薬局などにある。天塩「食養にがり」（（株）天塩TEL〇三—三三七一—一五二一、http://www.amashio.co.jp/index.html）なら一二・五ccを五〇ccの湯で溶く。

水　大豆を浸すのに六カップ、ミキサーにかけるときに六カップで合計一二カップ（ふつうよりも少なめ）。自然水が理想だが水道水でもよい。

自然塩　小さじ一／二〜一

〇用具

漉し布　袋状よりも風呂敷状のほうが絶対に仕事がしやすくて後始末もラク。一反のさらし木綿を一六枚に切り、二枚合わせで縫うと八枚つくれる（六〇cm×六〇cm）。使用後すぐによく洗い、さらに洗濯機でも洗い、しっかり干す。

大豆はぜひ地元産を（編集部　以下H）

型　一五cm×二〇cm×五cmくらいのザル。プラスチック製でも金属製でも竹製でもよく、牛乳パックに千枚通しで穴をあけてもよい。専用の木箱は水が切れにくく、わざわざ買う必要なし。

鍋　大きめのもの二つ。ステンレス、ホーロー、シルバーストーンなど厚手の深鍋がよい。

ミキサー　フードプロセッサーは仕上がりが粗すぎるのでダメ。

ザル　鍋より大きめの丈夫なもの一つ。金属製のパンチザルがよい。

しゃもじ　竹製の長いものがよい。

温度計

〇つくり方

●大豆をミキサーでつぶす

①、②ミキサーの半分近くまで大豆を入れ、上から五cmくらいまで水を入れ、一分半〜二分間ミキサーにかける。大きめのミキサーだと二回、家庭用なら三回に分ける。

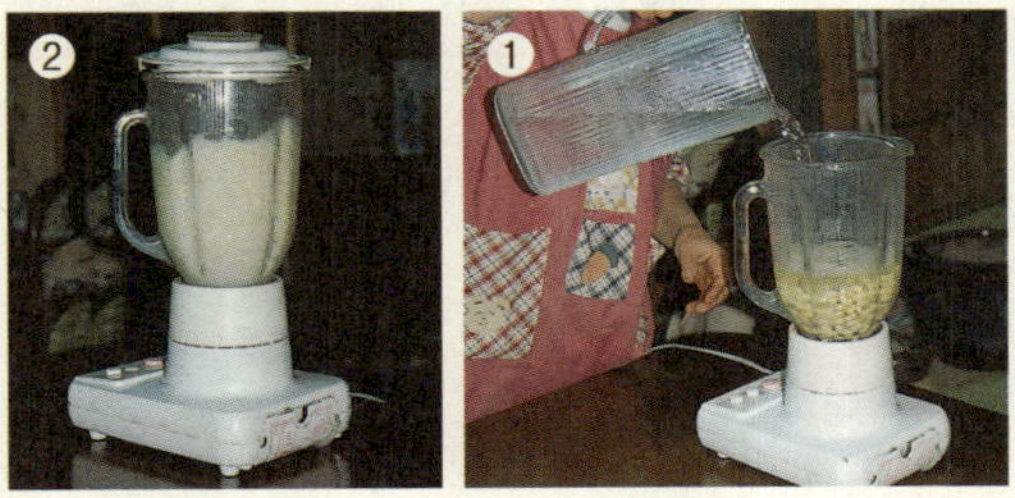

大豆をミキサーでつぶす（H）
①ミキサーの半分近くまで大豆を入れ、上から5cmくらいまで水を足し、2分間ミキサーにかける。②大きめのミキサーなら2回、家庭用なら3回に分ける

大豆の漬け汁だとミキサーが非常に苦しがって、よくまわりません。必ず水を加えます。

●呉汁を強火で煮る

③鍋に流し入れる。ミキサーを水一カップでよくゆすぎ、それも入れる。強火にし、鍋底をはがすような感じでよく混ぜながら煮る。

④八分くらいして吹きこぼれそうになったら、火を消す。泡が下がったら、弱火で五分煮る。

長時間煮ないよう注意。煮すぎると香りがなくなるだけでなく、大豆がふやけすぎて漉し布の目をふさぎ、豆乳をしぼるのに泣きたくなるくらい苦労します。

●漉し布で豆乳をしぼる

⑤別の鍋の上にザルを置き、漉し布

呉汁を強火で煮る（H）

③鍋に流し入れる。ミキサーを水1カップでよくゆすぎ、それも入れる。④強火にし、鍋底をはがすような感じでよく混ぜながら煮る

濃し布で豆乳をしぼる（H）

⑤別の鍋の上にザルを置き、漉し布を広げ、呉汁を静かにあける。手早くしっかり漉し布の端を寄せ、反時計まわりにしゃもじの先で力いっぱい押し込むようにしぼり上げる（⑥）

やや高温でニガリを入れる（H）

⑦豆乳の温度は60～70℃に下がっているので弱火にかけ、85℃より少し高めにする。火を止め、ニガリを少しずつ入れ、静かにそっとかき混ぜる。⑧フタをして5分ほど置くとプリン状になる

を広げ、呉汁を静かにあける。そして手早く、しっかりと漉し布の端を寄せ、時計まわりに漉し布をねじりあげながら、反時計まわりにしゃもじの先で力いっぱい押し込むようにしぼり上げる（図）。

⑥豆乳は二ℓしぼれ、漉し布にソフトボール大約四〇〇gのオカラが残る。豆乳に天然塩を加える。

豆乳には必ず天然塩を入れます。ちょっと飲んでみると、できたてということもあって、とてもおいしいですよ。

●やや高温でニガリを入れる

⑦豆乳の温度は六〇～七〇℃に下がっているので弱火にかけ、八五℃より少し高めにする。火を止め、ニガリを少しずつ入れ、静かにそっとかき混ぜる。

⑧フタをして五分ほど置くとプリン状になる。そっと混ぜると、かき玉汁のような「おぼろ豆腐」になる。フワッとした豆腐の固まりと米の薄いとぎ汁のように分離していればOK。

もしも豆腐と汁に分離しなければニガリが少ないか、温度が低いかです。とくに冬はニガリを打つと急に温度が下がるので火を止めず、ごくごく弱火のままでもいい。むやみにニガリを足さないこと。火を少し足してください。

●おぼろ豆腐を型に流し込む

⑨鍋の上にザルを置き、オカラをしぼった漉し布を洗わずに裏返して、ザルの上に広げる。おぼろ豆腐をそっと漉し布の上にあける。

⑩、⑪徐々に水気が切れるので、漉し布ごと型（穴あき容器）にそっと移し、上を平らにならす。重石はいらない。約五分でちょうどよい加減に固まる。

●型を返して皿に盛りつける

⑫漉し布を持ち上げてみて、豆腐が固まっていたら、バットか皿を豆腐の上に伏せ、型ごとヨイショとひっくり返す（⑬）。

おぼろ豆腐を型に流し込む（H）
⑨おぼろ豆腐をそっと漉し布の上にあける。
⑩、⑪徐々に水気が切れるので、漉し布ごと型（穴あき容器）にそっと移し、上を平らにならす

⑭まず容器を取り、次に漉し布をはがすようにそっと取る。湯気の立ち昇る豆腐が姿を現わす。お客さんから拍手と歓声があがる。早速つまみ食い。端っこを切って食べていただく。甘味と香りが口のなかに広がり、どなたもニコニコ顔に。

水にさらさなくてもまったく苦くありません。水にさらすと、ニガリ成分だけでなく旨味・甘味・香りが逃げてしまいます。しょう油やたれなど、あまりかけないほうがおいしいです。

●豆乳精もおいしい

豆腐をつくったあとに約一ℓの液体が残ります。ふつうは苦いので捨ててしまうのですが、これが甘くておいしい。私はお吸い物や味噌汁に入れたり、パンやホットケーキをこねたり、カレーやシチューの水分にしたり、ご飯を炊いたり、タケノコやおでんを煮たりします。豆乳精は料理をまろやかにおいしく、ミネラル豊かにしてくれます。また、豆腐を冷蔵庫で保存する場合、ふつうの水に浸けると味が落ちてしまいますが、煮たて直して冷ました豆乳精に浸けておくと、三日間くらい大丈夫です（でも早めに食べてください）。

テマ・ヒマかけるだけがおいしさの証ではない

何でもじっくりつくることはもちろん大切。でも、テマ・ヒマかけるだけがおいしさの証ではありません。農村の女性たちは昔から多忙な暮らしを乗り切るため、自然と手際の良さを身につけてきました。手を抜くことと、手際の良いことは別なのです。

この豆腐づくりは畑仕事、お客さん、仕事、子育てと目のまわるような忙しさのなかでたどりついた私流です。レシピは生き物であり、錆びつかないように日々磨いていくものなので、これで完成・完璧というわけではありませんが、以上の手順を参考にしていただければうれしく思います。

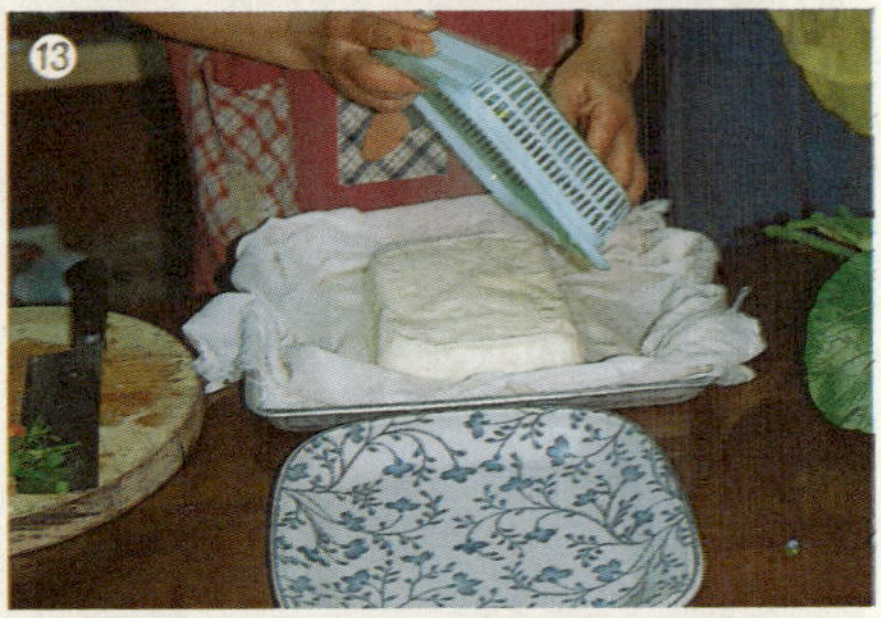

型を返して皿に盛りつける（H）
⑫、⑬漉し布を持ち上げ豆腐が固まっていたら、バットか皿を上に伏せ、型ごとひっくり返す。⑭容器を取り、次に漉し布をそっと取る。豆腐が姿を現わす

豆腐の料理

わが家では、豆腐は型から出してすぐ、湯気の立っているうちに、しょう油もかけずにお客様に食べてもらうのがほとんどですが、汁ものに入れたり、いろいろな料理に使ったりもします。料理に市販の豆腐を使う場合は水切りが必要ですが、手づくり豆腐はそのままがちょうどいい。

炒めもの　手づくり豆腐はちょうどいい弾力で、煮くずれもせず、野菜との相性がとてもいい。チンゲン菜とシイタケをごま油で炒め、サイコロ大に切った豆腐も入れ、豆乳精（豆腐をつくって残った汁）を少し入れ、しょう油で味付け、花がつおをパラリとふり、片栗粉の水溶きでトロミをつけ、ショウガを入れてでき上がり。化学調味料やオイスターソースを使わなくてもいい味に仕上がります。麻婆豆腐などにも使ってみてください。

白和え　「おいしいけど面倒。上手にできない」という人も多いですが、私のつくり方はとても簡単で、しかもスッキリした味が好評です。ふつうは白味噌を入れたり、具に砂糖としょう油で下味をつけたりするので、色がくすんでしまいますが、まさに白和えの名のとおり、きれいです。ニンジンをごま油で炒めるのでコクと甘味が出ます。具に味付けをしないので、塩の浸透圧で野菜から水分がにじみ出ることもなく、和えてから長時間置いても水っぽくなりません。

塩麹豆腐　五㎜くらいの厚さに切り、塩麹にまぶし、ひと晩冷蔵庫へ。チーズのような味わいです。そのままつまみにしたり（左写真）、サラダに加えたりします。

塩麹豆腐（K）

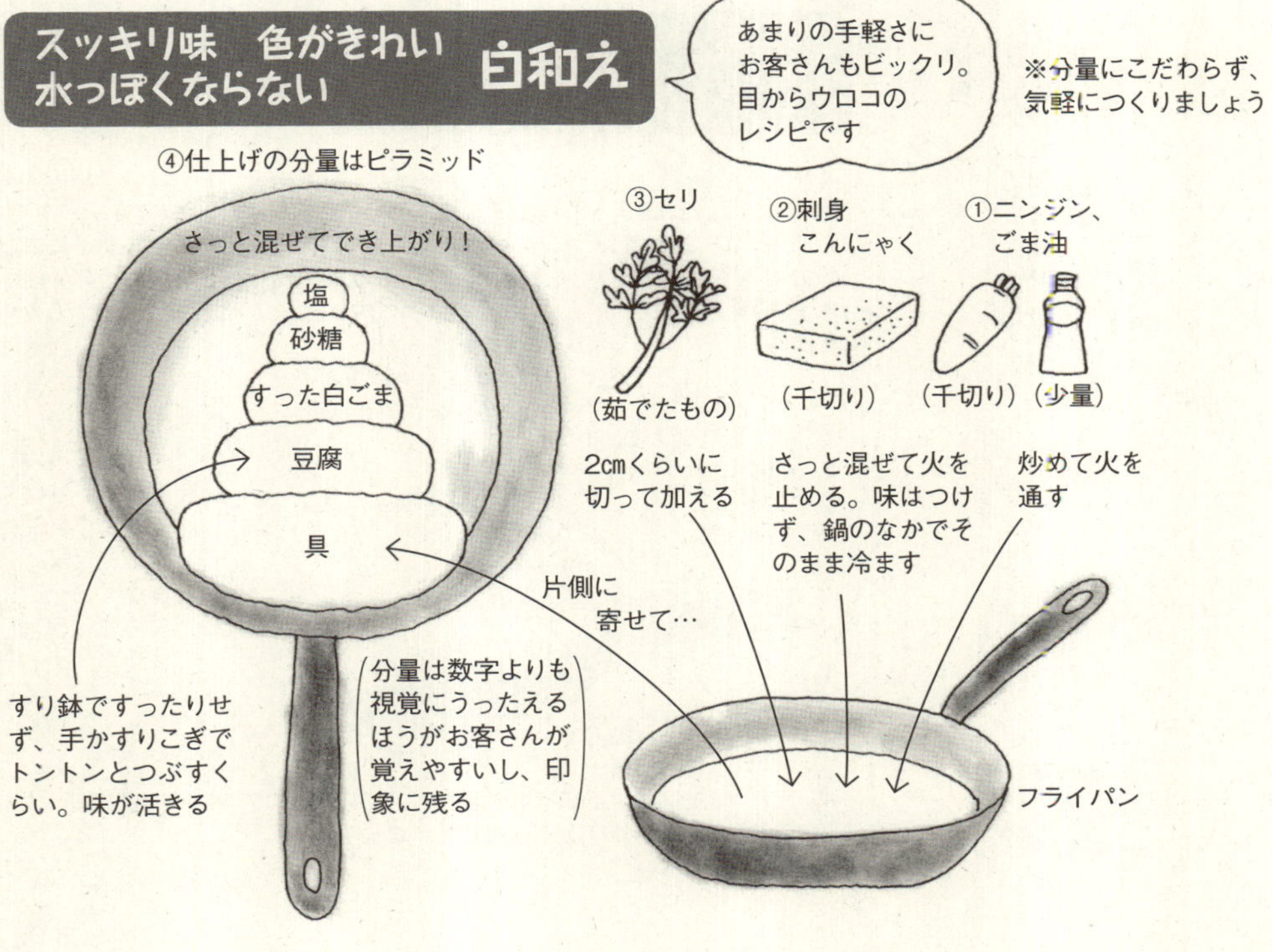
スッキリ味　色がきれい
水っぽくならない
白和え
あまりの手軽さに
お客さんもビックリ。
目からウロコの
レシピです
※分量にこだわらず、
気軽につくりましょう
④仕上げの分量はピラミッド
さっと混ぜてでき上がり！
塩
砂糖
すった白ごま
豆腐
具
片側に
寄せて…
すり鉢ですったりせず、手かすりこぎでトントンとつぶすくらい。味が活きる
分量は数字よりも視覚にうったえるほうがお客さんが覚えやすいし、印象に残る
③セリ
（茹でたもの）
2㎝くらいに
切って加える
②刺身
こんにゃく
（千切り）
さっと混ぜて火を
止める。味はつけ
ず、鍋のなかでそ
のまま冷ます
①ニンジン、
ごま油
（千切り）（少量）
炒めて火を
通す
フライパン

オカラの料理

豆腐づくりをするとたくさんのオカラができます。二カップ半の大豆で豆腐が六〇〇gとオカラが四〇〇g。手づくり豆腐のオカラは市販のものよりも栄養成分がたくさん残っていて、味もよいので、残さず利用したいですね。

卵の花煮　じつにたくさんのレシピがあります。お客さんに聞いてもさまざま。私のつくり方は、ショウガとサツマイモが入った、見た目も口あたりも味もよい一品です。料理の本にはオカラを洗うように書いてありますが、その必要はありません。自家製のオカラはとくに栄養分がいっぱい残っていますので、洗ったりしないでください。新しいうちに使うのが原則です。

そのほか、オカラの利用法はクッキー、ケーキ、クレープ、ドーナッツ、ドライカレー風煮、オカラコーヒーなど、いろいろお試しください。

オカラボール　わが家の名物料理の一つです。オカラとはとても思えないおいしさ、食べやすさ。なかに入れるものはチリメンジャコ、桜エビ、ギンナン、ニンジン葉、ホウレンソウなど何でもOK。小麦粉のかわりにそば粉やキビ粉、米粉などを使うと香ばしくておいしい。でも片栗粉はダメ。小麦アレルギーの子に片栗粉でつくったら、油で揚げたとき爆発しました。

フライパンで焼く場合は、卵を一個入れ、小麦粉の量も加減してハンバーグ状に丸め（一個一五gくらいがめやす）、油をひいたフライパンで両面をこんがりと焼く。挽肉を入れる場合はオカラボールをこねた状態と同量の挽肉を入れ、卵を一個入れたほうが家族の評判がいいでしょう。

オカラのクッキー　砂糖と油が極端に少なく、オカラが「こんなに入れていいの？」と思うほどたっぷり入っています。少ししっとり、ほんのり甘くヘルシーです。

〇材料

大型天板二枚分（約五〇枚分）

バターか植物油（ナタネサラダ油、グレープシードオイルなど）五〇〜八〇g、砂糖五〇g、卵一個、オカラ二〇〇gくらい（オカラ二五〇gをフライパンで炒ってサラサラにし

見た目、味、口あたりがいい
卵の花煮
サツマイモの角が溶けてオカラにシットリ感を与え、色もきれいにしてくれます
①ごま油（大さじ2）を入れ、ショウガ（10g、みじん切り）を炒め、小さく切ったゴボウ（50g）、ニンジン（50g）、シイタケ（1～2枚）、タマネギ（50g）を加える
②サツマイモ（100g）を1.5㎝角のサイコロ状にして加える。皮が硬いようならむき、やわらかければそのまま
③桜エビ（大さじ1）を入れ、水（豆乳精）をヒタヒタに加え、しょう油（大さじ2～3）、砂糖（大さじ2～3）で調味して、野菜がやわらかくなるまで煮る
④オカラ（200g）を加え、よく煮汁を吸わせながら煮る。水分が足りないときは足す
⑤火の止めぎわにネギ（小口切り）を混ぜて蒸らす
中華鍋

※サツマイモは小さく切りすぎると溶けてしまうので少し大きめに。色をきれいにしたいときは白しょう油を使う

て冷ましたもの）、酢大さじ一（レモン汁、ゆず汁でも可）、小麦粉二〇〇gに重曹小さじ一／三〜一／二を混ぜておく、野の花（スミレ、タンポポ、ハコベ、ヨモギ、イヌノフグリ、ツクシなど）

〇つくり方

材料を順に混ぜ、生地をつくる。

生地を小さく丸め、三〜五㎜くらいに薄く伸ばす。その上に野の花をピッタリと押しつけ、一八〇℃のオーブンで二〇分焼く。

オカラのドライカレー

ニンニク、一㎝角に切ったタマネギ、ニンジン、ジャガイモ、シイタケなどを炒め、ヒタヒタに水を加えやわらかくなるまで煮る。野菜と同量のオカラとレーズンを少し入れ、カレー粉を好みの量を入れ、パラリとなるまで炒り煮する。

ご飯に添えたり、パンに挟んだり、スパゲッティにからめたりしても、おいしい。

オカラのサラダ

タマネギ、ニンジン、ジャガイモ、カボチャなどを食べやすく切り、やわらかく茹で冷ましておく。野菜とオカラの量は同量。トマト、パセリ、グリーンピースなど加えてもよい。

えっ、これがオカラ？　おいしく食べやすい　オカラボール

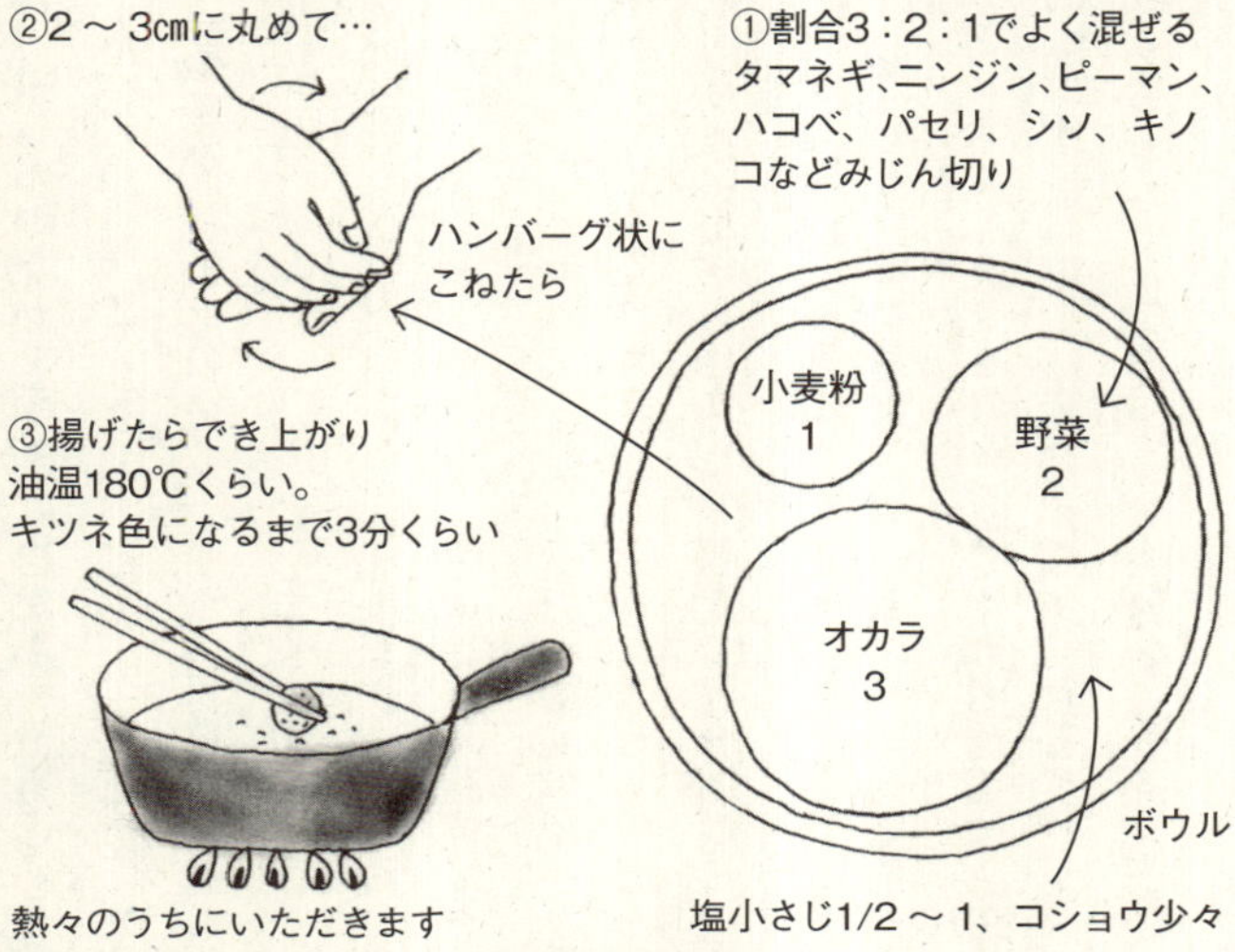
子供たちに料理を伝えるときは五感、とくに目で覚えることが大切。心に残ります
①割合3：2：1でよく混ぜる
タマネギ、ニンジン、ピーマン、ハコベ、パセリ、シソ、キノコなどみじん切り
小麦粉 1
野菜 2
オカラ 3
ボウル
塩小さじ1/2〜1、コショウ少々
②2〜3㎝に丸めて…
ハンバーグ状にこねたら
③揚げたらでき上がり
油温180℃くらい。
キツネ色になるまで3分くらい
熱々のうちにいただきます

わが家の名物料理「オカラボール」
（撮影：倉持正実 以下KM）

オカラのサラダ（K）
上はオカラとサラダ具材の割合

よく混ぜたら、ボウルのなかで手でおさえて平らにして、ヘラで六等分する。六分の一の量が、およそのマヨネーズの分量になる。サンドイッチやピザのトッピングにしてもよい。

◇味噌

いま、お味噌がとても安く買えます。一kg一九八円くらいからあります。家庭で手づくりした場合、原価は五〇〇～六〇〇円くらいになります。手間もかかり、なかなか大変ですが、わが家の味のするおいしい味噌を少しでもつくってみましょう。時季は二月の寒仕込みがベストといわれていますが、三月末頃でも大丈夫です。

〇材料（でき上がり約五kg分）

大豆　一・三kg（約一升）

麹　一・三kg（約一升）

米麹と豆麦麹を六五〇gずつ

＊割合は好みでよいのですが、私は深い味噌の味わいは豆麹から醸し出されるように思います。

自然塩　五五〇g（材料の約二一％）

種水　二～三カップ（豆を煮た汁を使う。材料の一五％くらい）

〇つくり方

①前日に大豆を洗って三倍くらいの水にひと晩浸けておく。

②圧力鍋の場合、大豆の浸け汁を二カップ入れて火にかけ、沸騰したら弱火で五分加熱し火を消し、三〇分置く。

　ふつうの鍋で煮る場合は、吹きこぼれに注意しながら四～五時間やわらかく煮る。

③熱いうちにザルにあけ水気を切る。

④大きめのボウルに入れ、すりこぎでつぶす。三〇℃以下に冷ます。熱いうちに麹と混ぜると腐ったり、酸味が出たりする。

⑤豆の上に麹と塩を置き、すりこぎと手を使ってよく混ぜる。種水を入れ、耳たぶくらいの硬さにする。塩と麹をすり混ぜる必要はない。

⑥容器は梅酒のびん、かめ、樽、タッパーなど。⑤を両手で丸めて容器の底めがけて空気を抜くよう投げつけ、手でしっかり押さえる。焼酎をスプレーする。

⑦上に分量外の塩をふる。空気にふれないようにビニール、竹皮、笹、昆布、ビワの葉、アオキの葉などでフタをする。ビニール袋によく洗った小石を入れ、重石にする。

　密閉容器に重石は不要とされていますが、発酵力でフタが開き、傷む

熱湯にくぐらせてから「朴葉《ほうば》味噌」

ネギと味噌、みりんなどを合わせ、朴葉の上にのせて炭火で焼くと、よい香りが漂います。専用の小さなコンロがあると風情がありますね。

　朴葉味噌に使う葉っぱは、本当は若いうちに採って乾かすのですが、自家用なら落ち葉で十分。早めに、しっかりした、きれいな葉っぱを集めて紙袋に入れておくと、春まで使えます。

　乾いた葉っぱは、使うとき熱湯にさっとくぐらせると、すぐに水気を含んでしんなりするので、炭火で焼いても燃えにくくなります。

ことがあるので、念のため重石をしておくと安心です。

⑧米袋かビニール袋をかけてヒモで縛る。冷暗所に置く（六～八ヵ月くらい）。十月を過ぎると食べられる。

◇味噌づくりのついでに

味噌づくりの講習会というと、味噌だけをつくるところがほとんどですが、私はついでにいろいろ楽しんでもらいます。きっと昔のお母さんたちも、ついでの仕事をしていたと思います。お客さんたちは、「えっ、大豆でこんなにいろいろなお料理ができるんだね！」と大豆を見直してくれます。

煮大豆から

圧力鍋で蒸し煮にすると、豆がネットリとして甘くておいしい。少し余分に煮ておいて、五目豆、味噌炒め煮などにしてみましょう。つぶした大豆からもいろいろつくれますよ。

干し豆

水気を切った煮大豆をザルに広げ、お日様に干すだけ。二～三日目が一番おいしくて甘納豆のようです。さらにカラカラになるまで干して、びんに入れておけば、一年くらいカビも生えません。

煮物やスープ、カレー、シチューなどには乾いたまま入れて煮込むとふやけておいしい具になります。非常食としても役立つと思います。

大豆コロッケ

フライパンでみじん切りのニンニク、タマネギ、ニンジン、ニンジン葉などをよく炒め、フライパンの片方に寄せる。温めたご飯とつぶした大豆を加え、塩・コショウ・ハーブソルトで味付ける。よく混ぜて、食べやすい大きさに丸める。水溶き小麦粉、パン粉の順につけ、油で揚げる。

大豆と野菜炒め、ご飯の割合はおよそ二対一対一くらい。一対一対一でもよい。何gというよりもおおよその割合で料理をつくる勘を育ててほしい。

フライパンのなかで材料を混ぜてしまうので、洗い物も少なくてすみます。

豆きんとん

栗きんとん、芋きんとんのようなおやつです。子供が大好きな、つぶす、こねる、丸めるなどのお手伝いがいっぱいです。味噌づくりだけではあきてしまう小さな子供も、おやつつくりがあると大喜び。ちょっとお腹がすいて機嫌の悪くなりかかった子も、できたてのおやつをほおばればニコニコになって、お昼までもう少し頑張れます。

煮豆が温かいうちにつぶし、少量の砂糖と塩をほんの少し混ぜる。小さく丸めてラップか布巾でキュッとしぼれば、栗きんとんのようなお菓子ができます。刻んだナッツ、レーズン、オレンジピールなどを入れてもおいしい。小さめにつくるのがいいでしょう。

冬でも緑色をした葉っぱを探してきてもらって盛りつけるのも、自然観察を兼ねた学びとなります。

「どんな葉っぱがあるかな？」

「冬になると葉が落ちてしまう木と緑の葉っぱがついている木があるのはなぜ？」

などと声をかけながらまわると、単なる風景が生き生きとした楽しみの隠れた場所に思えてくる。

子供たちに楽しんで学んでもらおうという気持ちと自然への深い信頼が自然体験学習の基本である。

トリュフ

ピール、ナッツ、くだいたクラッカーなどを入れた豆きんとんをまん丸にしてココアパウダーを入れた器のなかでコロコロと転がしてココアをまぶすだけ。大豆とココアの相性がとてもいい。甘すぎず、油分も少なく、いくつ食べても大丈夫。ヘルシーで安上がり。おいしくて楽しい。

よく、「どうして、こんなにいろいろなことを思いつくの」と聞かれる。

アイディアは丁寧な日常生活の繰り返しと将来への希望から泉のように湧いてくる。考えること自体が楽しく、その繰り返し、積み重ねが生きる力になっていくのだと思う。こういうことを子供たちに伝えたい。

ススキ納豆

納豆はススキを使うと失敗せずにおいしくできます。稲ワラを都会の方は手に入れにくいが、ススキなら野山や河原に行けば刈ることができます。イネ化の植物なら何でもいいのですが、ススキが太くて使いやすいし、納豆の味もよく、苦味がないです。

○つくり方

ススキの茎を密閉容器の長さに切り、底に二段に敷きつめ(約一cm)、圧力鍋で煮えたての大豆を網じゃくしですくって入れる。豆の厚さは二cmくらい。豆の上にもススキを一列並べ、軽くフタをする(フタの下にススキ一本置いて、空気が出入りするようにする)。冷めないうちに四〇℃の温度を保てるスペースに入れる。

私は四〇cm四方の電気足マットを使用。一日の電気代五円。豆炭あんか、湯たんぽ、電気毛布などでもよい。品温が熱々のときにスタートさせるのが雑菌を繁殖させないコツです。

二〇時間後に開けてみると白い菌が豆の表面を覆い、粘りも出て、納豆らしい香りもします。そのあとは四〇℃の保温をしなくてもバスタオルなどをかけておくだけで発酵が進みます。

全体が白くなり、糸を引くようになったら完成。温かいままにしておくと発酵が進んで異臭がしてくるので、冷蔵庫に入れる。小分けして冷凍しておくと少しずつ食べられて便利。

食べ方は市販のものと同じですが、塩麹やしょう油麹とよくなじみおいしく食べられる。

夏はトマトやキュウリ、タマネギを入れるとサラダ感覚で食が進む。

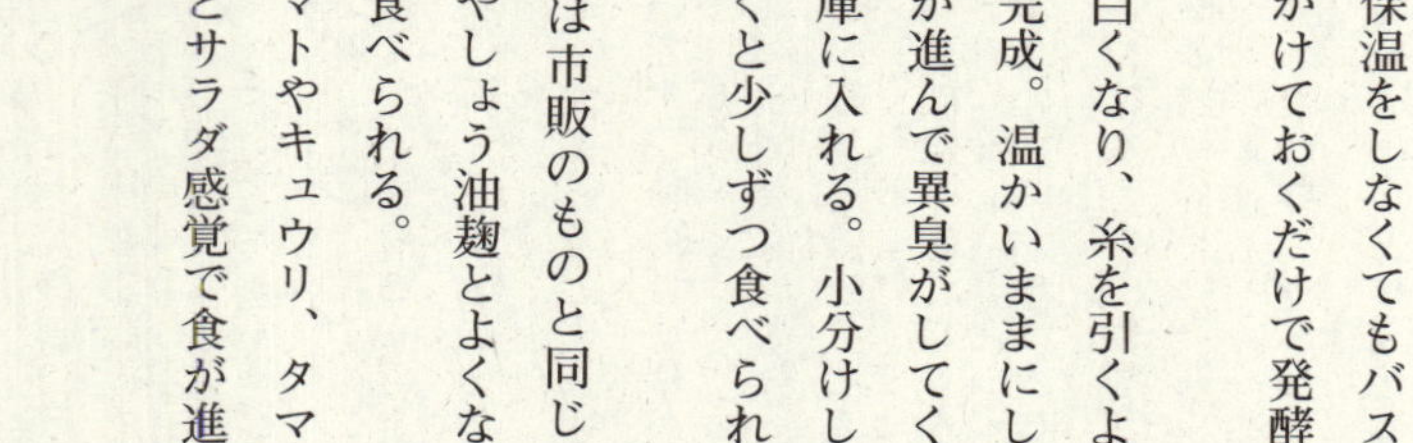
ススキ納豆の仕込み（右）とでき上がり（左）（N）

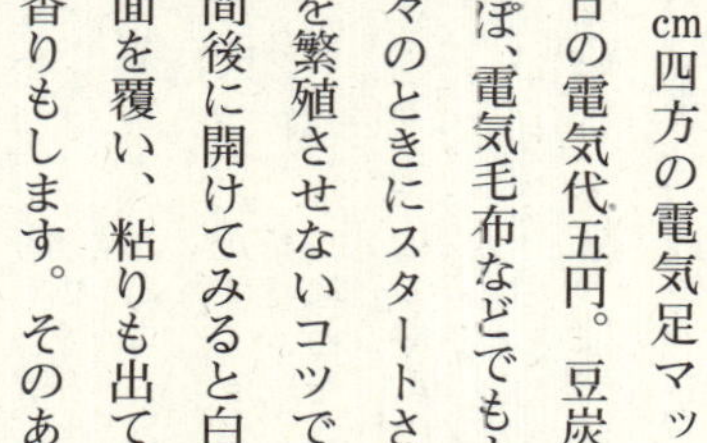
ココアをまぶし柿の葉にのせて
大豆トリュフ（K）

果実

梅

◇塩分一六%で よく漬かる梅干し

梅干しは長い農園生活の過程でいろいろな漬け方を試してきました。結果的にはだんだん塩が少なくなっています。最近は一六%の塩で漬けていますが、カビもほとんど出ず、よく漬かっています。

塩分16%でもおいしく漬かる梅干し
（撮影：小倉かよ 以下O）

庭先のほったらかしの梅がいい

シミひとつない美しい梅よりも、農家の庭先のほったらかしの梅のほうが味も香りもよいもの。わが家も三〇年以上たった梅の樹が一〇本ぐらいあり、無肥料、無農薬でよく実が成り、品質も良好です。まっ青より少し黄ばんで、プックリした頃、手で一つひとつもぎとります。叩いたり、ゆすったりして落とすとキズがつくのはもちろん、梅の成分がタネのなかに入ってしまうと言われています（真偽のほどは不明）。キズや虫くいなどがある梅は別の用途があるので、一粒ずつ見て選り分けます。

アク抜きを行ないますが、完熟梅はよく洗うだけで水には浸けません。

梅干しの材料は、ふっくらした梅が二kg。

塩 三二〇g（一六%）
赤ジソ 四〇〇g（梅の二〇%）
シソ用の塩 八〇g（シソの二〇%）
焼酎 二〇ccくらい。
あればクマ笹あるいは松葉
容器はよく消毒したガラスびんを

梅の採取・アク抜き

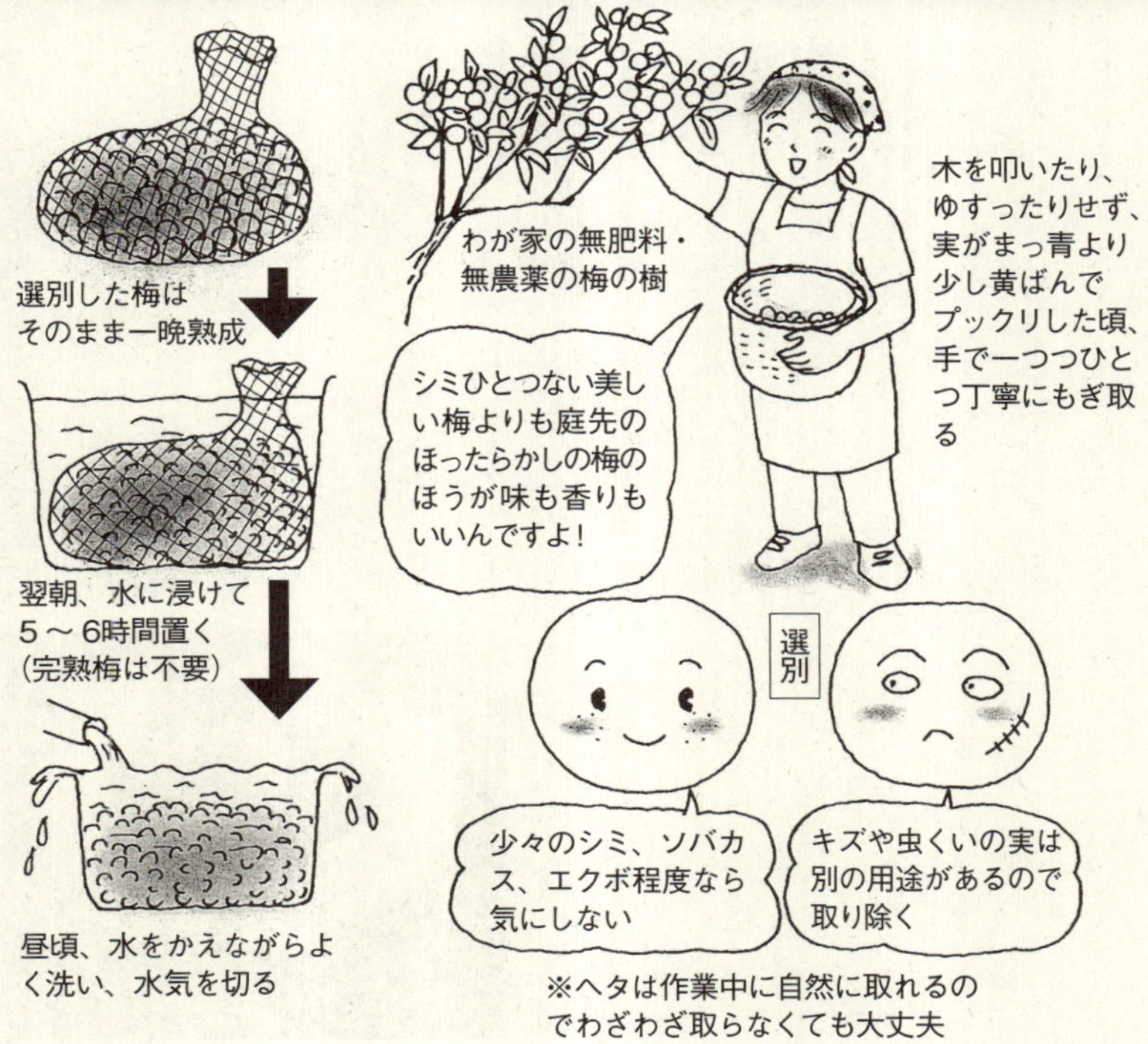
選別した梅はそのまま一晩熟成
翌朝、水に浸けて5～6時間置く（完熟梅は不要）
昼頃、水をかえながらよく洗い、水気を切る
わが家の無肥料・無農薬の梅の樹
木を叩いたり、ゆすったりせず、実がまっ青より少し黄ばんでプックリした頃、手で一つつひとつ丁寧にもぎ取る
シミひとつない美しい梅よりも庭先のほったらかしの梅のほうが味も香りもいいんですよ!
選別
少々のシミ、ソバカス、エクボ程度なら気にしない
キズや虫くいの実は別の用途があるので取り除く
※ヘタは作業中に自然に取れるのでわざわざ取らなくても大丈夫

使い、重石はビニール袋を三重にしたものに小石を入れます。容器のない方は丈夫な密閉袋（ジップロックなど）で。

漬け込み

①よく熟した梅は水に浸けるとふやけてしまうので、水で洗うだけにする。

②ザルに上げ、水気を切る。

③殺菌のため少量の焼酎をスプレーする。あまり多いと梅の色がくすんだり、シソが溶けやすくなったりするので少量に。

④大きめのボウルに梅を入れ、塩の半分一六〇gを入れ手でコロコロと塩が梅のまわりにぐるっとつくようになるまで揉み混ぜる。

⑤びんにクマ笹、梅、ボウルの底に残った塩、残りの塩一六〇g、クマ笹の順に入れる。

⑥きれいなビニール袋によく洗って乾かした小石を少量入れ、梅の上にのせる。

⑦袋をびんに入れてから、小石を口いっぱいまで入れフタをする。梅が重みで下がったら、また上の小石を足してゆくようにする。

⑧二～三日で梅酢が、梅の上に上がらないときは、酢か去年の梅酢を少し足してあげる。

シソを入れる

⑨シソの葉をもいでよく洗い水気を切る。塩でよく揉み黒い汁を捨てる。揉んだシソを広げてもう一度塩揉みする。しっかり水気をしぼる。

梅干しづくり（N）

⑩びんの梅を出してシソをところどころに入れながら戻し、梅酢を注ぐ。もし梅を漬けるときにシソが手に入ったら、最初から揉みジソを入れておくと色もよく染まるし、梅酢の上がりもよい。

⑪土用の頃丸ザルに梅をあけ、よく梅酢を切ってから竹の平ザルに干す。シソは別のザルに広げて干す。

⑫ゆとりがあれば夜に梅を梅酢のびんに戻す。

⑬次の日、またザルに干しそのまま夜露にあてる。

⑭次の日、裏表をひっくり返して干し、夜露にあてる。

⑮次の日、日中よく温まった梅を梅酢に戻すとふっくらした梅になる。三～四ヵ月熟成させるとおいしくなる。

◇除いたキズもので、

梅ジュース

梅干しづくりのときにキズなどで除いておいた梅を使います。

①梅をよく洗い、水気を切る。傷ん

梅干しをタケノコの器で（K）

だところを切り捨てる。

②大鍋に湯をたっぷり沸かす。キズ口の殺菌と砂糖が浸み込みやすくなるように、梅一kgを沸騰したなかへ入れ一〇～二〇秒ほど湯通しする。

③ザルに取り水気を切る。熱いうちに清潔なびんに入れ、すぐに上からドサッと砂糖八〇〇g～一kg入れる。雑菌が繁殖する間を与えない。ひと晩でジュースが梅の上段まで上がる。沈んだ砂糖はときどき、竹べらでよく溶かす。

④冷暗所に保存し一ヵ月以上置く。湯通ししてあるのでカビが生えたり発酵したりすることはまずない。

好みに薄めて飲みます。また、寒天で固めたり、シソジュースづくりのときにクエン酸のかわりに使用します。

梅ジュース（O）

◇自然に落ちた完熟梅のジャム

完熟してアンズのようになった梅でつくると、色も味もよくなります。枝が高くてどうしても取れなかった梅が熟して自然に落ちてきたのを拾い集めてつくります。少し傷んでいてもその部分を切り取って使います。六月下旬から七月上旬がつくりどきです。

完熟梅ジャム（O）

①耐酸性の鍋に梅を入れ、水をひたひたに加え、沸騰したら火を止め、冷めるまで置く。煮くずれしやすいので丁寧に扱う。

②ザルに静かにあけて水気を切る。そして、もう一度沸騰するまで静かに茹でる。弱火だと煮くずれるので、冷めるまで置いてそっとザルにあけ、水分を切る。梅の成分が流れてしまい、もったいないような気もするが、酸味をしっかり抜かないと砂糖がたくさんいる。すると梅の香りや旨味などが感じにくくなる。

③粗めのザルで、タネと果肉を漉し分ける。

④果肉の重さの五〇～七〇％の砂糖を入れ煮つめる。焦げやすいので注意。私はジャムはフライパンでつくります。水分が蒸発しやすいし、竹べらで混ぜるのもラクです。市販のジャム程度の硬さで火を止める。

⑤冷めるとかなり硬くなるのが梅ジャムの特徴。熱いうちにびんに詰める。フタをしてすぐ逆さまにし、冷めるまで置く。

梅ジャムをクッキーにのせて（K）

◇梅味噌

梅と味噌と砂糖と昆布、花がつおなどの味が一体となったおいしくて健康的なおかず味噌です。

○材料

黄色くなって落果したアンズのような梅一kg（購入した梅は黄色くなるまで置く）

味噌、砂糖を各一kg

昆布（五cmくらいを細かく刻んでおく）

おいしくて健康的なおかず味噌「梅味噌」（K）

花がつお　一〇g（細かく揉んでおく）

ショウガ　二かけ（みじん切り）

白ごま　大さじ一～二

好みで七味トウガラシ　少々

○つくり方

①梅を一度さっと茹で、粗めのザルで水気を切る。

②しゃもじを使って、タネと実を分ける。

③フライパンに梅を入れ、味噌、砂糖、昆布を加え、焦げないよう煮つめる。

④照りが出てきたら、花がつお、ショウガを加えて煮つめ、火を止めてから白ごまを加え、熱いうちにびんに詰める。

ご飯、おかゆ、豆腐、焼きナス、野菜のスティック、パンなどによく合います。少し氷かみりん、酢などを加えてゆるめ、こんにゃく、サラダ、麺類のソースとしても便利です。

栗

◇栗の渋皮煮ほか

食べ方いろいろ、栗はやっぱりおいしい

自然農園にはクリの樹が七～八本あります。早いものが九月初旬から落ち始め、十月中旬まで採れます。無肥料なのに次々実ってくれて、無農薬なのに虫がつかず、とびきりおいしい。

茹で栗　クリを三～四日干します。圧力釜にクリが浸るくらいの水と塩を少し入れ、圧力をかけてから三～五分加熱。自然に蒸らします。ホコホコ甘くてお菓子のよう！

焼き栗　そのまま焼くとパーンとはぜて危険です。はじけないようにナイフで鬼皮を少しはぎ、弱めの焚き火か熱い灰のなかに入れます。良い香りがしてきたらでき上がり（ウッカリしていると炭になります）。

揚げ栗　鬼皮をむき、渋（毛・筋）をつけたまま、油でゆっくりと揚げ、塩をふってでき上がり。とっても香ばしくておいしい。クリに対する認識がかわります。

渋皮煮　ふつうはなかなか上手につくれないし、買うと高いし、甘すぎて栗の味がしない……。いっぽう、わが農園の渋皮煮は栗の旨味が活き、ほどよく甘く、見た目に美しい。一番のポイントは（農家だからこそできるのですが）新鮮なクリを使うこと。それだけで俄然つくりやすくなって、おいしくなります。つくり方は図をご覧ください。

栗の渋皮煮（N）

栗ご飯　鬼皮をむき、大きいのは二つ割り、小さいのはそのまま。少し渋皮が残っていてもかまいません。薄い塩水に少し浸けます。五分搗き米三合に黒紫米や赤米小さじ一～二を混ぜます。ほんのりピンクに染まり（茹でアズキを入れるより手軽）、餅米を入れなくても粘りと甘味が増します。栗は一碗に四～五個入るように用意し、塩小さじ一を入れ、炊きます。

栗入り炊き込みご飯　栗ご飯の分量にニンジン・ゴボウ・お揚げ・キノコなどの具をお椀いっぱいくらいのせ、上からだし入りしょう油大さじ一～二をまわし入れふつうに炊く。

「栗の渋皮煮」最大のポイントは
落ちたばかりか、なるべく新しいクリを使うこと！

▼渋が抜けやすい
古いとなかなか渋が抜けない。重曹が多く必要で、何度も水にさらさなければならないんだ
渋皮煮が難しいのはスーパーに並んでいるクリが古いから。落ちたばかりのクリが手に入る農家ならとても簡単につくれます
▼毛・筋が取れやすい
古いと取りにくい。ようじを使ったり、細かい仕事で根気がいるんだ
▼鬼皮がむけやすい
古くなると皮が硬くなる。やわらかくするのに煮る手間がかかるし、むくときになかの渋皮を傷つけやすいんだ

栗のイガむきに夢中（KM）

美しく、おいしい「栗の渋皮煮」のつくり方

鬼皮むき　渋皮にキズをつけない

▼渋皮にキズがつくとでき上がりが汚い

日焼けのように皮がペロンとむけちゃう

中に渋色が染みて、切ったときに中の色が映えない

皮つきクリ1kgをむきます。うまくむけたときはまるで芸術品！

クリの皮むき器があると便利です。皮が硬いときはしばらく熱湯につけるとむきやすくなります

渋抜き　重曹少なめ、グツグツやらない

▼重曹が多いと…

でき上がりの味が悪くなる

▼グツグツ煮ると…

でき上がりがやわらかすぎちゃう

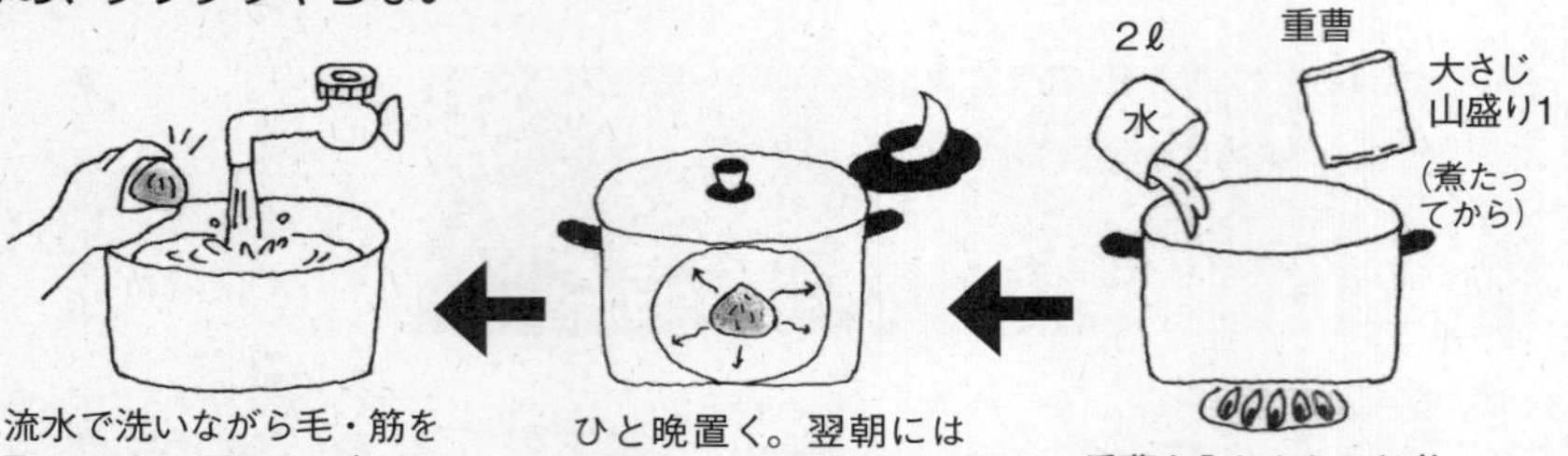

2ℓ
水
重曹
大さじ山盛り1
(煮たってから)

重曹を入れたらひと煮たちして火を止める

ひと晩置く。翌朝にはチョコレートのような渋がいっぱい出ている。3回くらい水をかえて茹でこぼし、渋味を抜く

流水で洗いながら毛・筋を取る。そのあと、しばらく流水にさらす。驚くほどきれいになる

※渋皮がキズついたものなどで味見。渋が抜けていなければ、水を加え、もう1〜2回煮て冷ます

味付け　砂糖少なめ、分けて煮る

▼砂糖が多すぎると…

甘味ばかりが目立って、クリの風味が損なわれる

▼砂糖をいっぺんに入れると‥

浸透圧の関係で果肉が硬くなる。いったんカチカチになったら、何をやっても戻らない

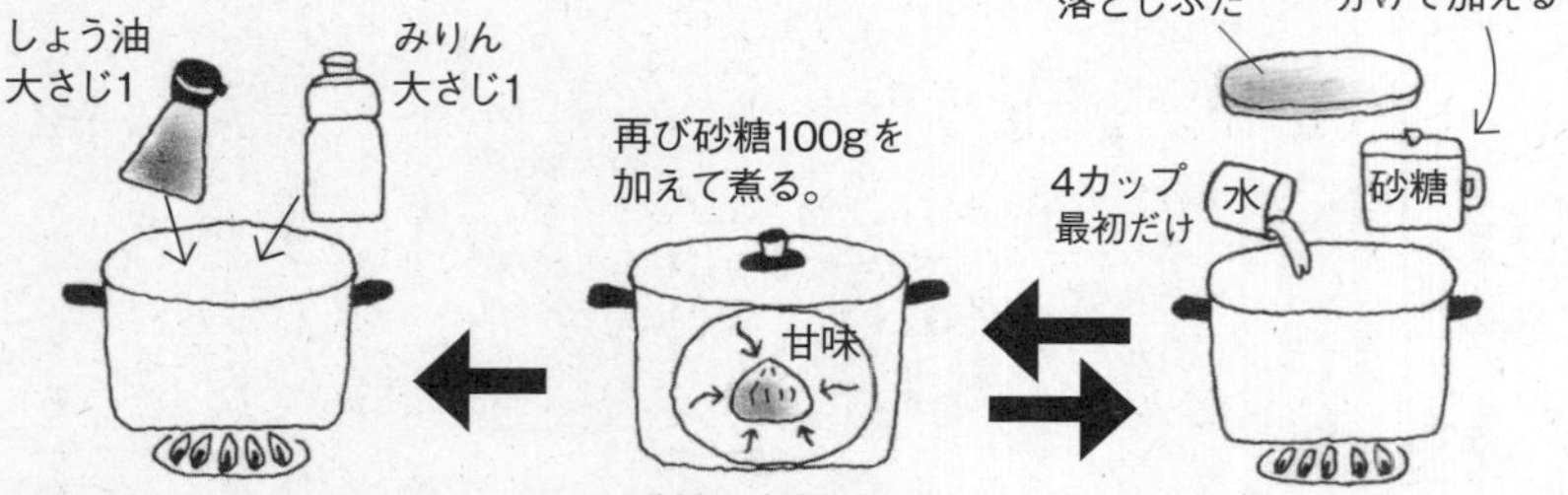

最後にこれを加えて煮ると味に深みが出る
しょう油大さじ1
みりん大さじ1
再び砂糖100gを加えて煮る。
甘味
落としぶた
100gずつ分けて加える
4カップ最初だけ
水
砂糖

10分くらい弱火で煮たら火を止める。
冷めるまで置く。
このときに味が浸みる

※砂糖は全部で200g。甘いのが好きなら300〜400g

これでお茶菓子にとどまらない食後のデザートになる

※冷蔵庫で1週間くらい保存できますが、低糖分なので、小分けして冷凍庫に入れれば安心。3ヵ月くらい味がかわりません

柿

◇うっとりきれいでカビない　干し柿、巻柿

暖冬でつくりにくくなってきた　干し柿

お日様と自然の風だけで手づくりした干し柿は最高です。

わが家では、大きな蜂屋柿でつくります。渋の強いカキほど、甘くておいしくなるそうです。まったくの無肥料・無農薬のほったらかし栽培で、よく成ってくれます（毎年豊作というわけにはゆきませんが……）。つくり方は図のとおり。冬の間は常温保存でかまいませんが、暖かくなってきたら冷蔵庫へ入れたほうがいいでしょう。

オリジナル巻柿で「柿の花」が咲く

干し柿はそのままお茶うけにするほか、いろいろ挟んで巻柿にしてもおいしいです。

この巻柿、わが家では「柿の花」と呼んでいます。切り口がバラの花のようで美しい。「干し柿は甘すぎて苦手」と言う若い人でもＯＫ。梅漬けのシソとユズ皮の砂糖煮を入れることで、味のバランスがよくなり、食べやすくなります。ツバキやサザンカの葉を添えて出せば、お客さんからため息がもれ、食べてうっとり。芯はカリンの砂糖漬け、チョロギやダイコンの紅漬け、長期保存しなければ大根のベッタラ漬け、たくあん、干し芋など、いろいろと工夫できます。

トースト用のとろけるチーズもよくあいます。チーズの塩気と柿の甘味の相性が絶妙です。ただしチーズが硬くなるので長期保存はできません。

なお、硬くなってしまった干し柿は、五mm角くらいに切って洋酒に漬けておけば、ケーキやパンを焼くときのドライフルーツとして使えます。また、削り節のように薄く一mm

干し柿づくり最大の敵　カビを防ぐポイント

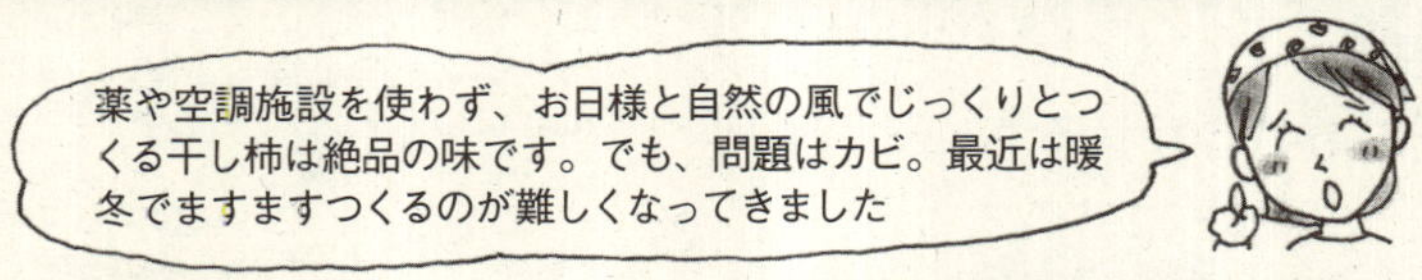
薬や空調施設を使わず、お日様と自然の風でじっくりとつくる干し柿は絶品の味です。でも、問題はカビ。最近は暖冬でますますつくるのが難しくなってきました

▼扇風機をまわす

雨の日は屋内に取り込み、空気がよどまないように送風する

▼晴れ続きの前に柿を採る

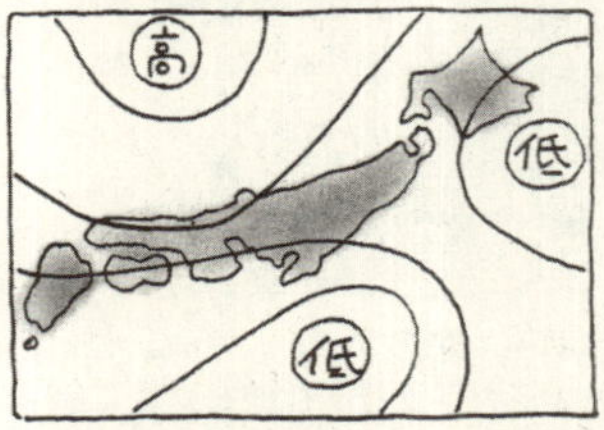
高
低
低

干し柿づくりはこれに尽きる。うまくあたれば成功したも同然。でも、なかなかあたらない

▼冷蔵庫に入れる

雨の日が長く続くとき、干す柿の数が多くなければ、この手も使える

▼お湯や焼酎に浸ける

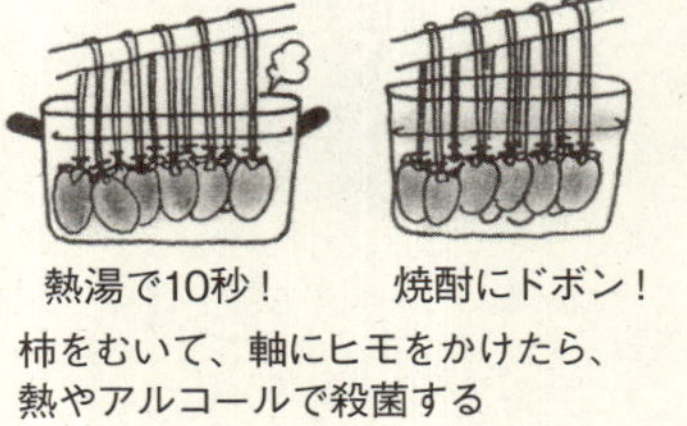

熱湯で10秒！　焼酎にドボン！

柿をむいて、軸にヒモをかけたら、熱やアルコールで殺菌する

くらいにそぎ、フワッと盛りつけると柿とは思えぬおもしろさ。歯の悪い人や少しだけ食べたい人にいいでしょう。

◇採り遅れのカキ、使い方いろいろ

やわらかくなってしまったカキ（熟柿）は、そのまま食べてもおいしいのですが、そうたくさん食べられるものではありませんね。食べすぎると体も冷やします。もったいないので工夫しましょう。

柿香煎　ふつうは熟柿を茶碗に入れ、香煎をかけ、かきまわして食べます。このへんの伝統食で、昔は何よりいいおやつだったそうです。そ

カビない、黒くならない、やわらかくておいしい 干し柿のつくり方

①遅くならないよう採る

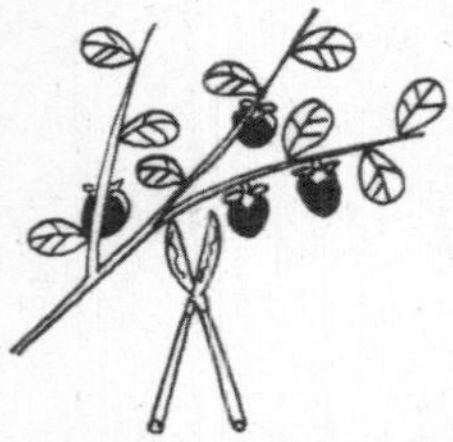

わが家では11月下旬頃。でも暖かい日が続いて、早くやわらかくなりそうなときは、早めに採る

②採ったらすぐ皮むき

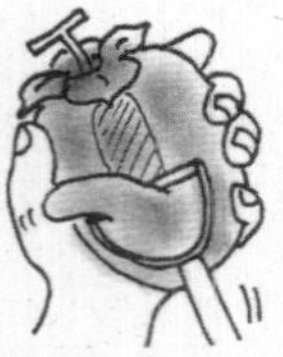

採ったらなるべく早くむいて干す。皮むき器でヘタから先端に向かってシュッシュッ。皮は干して漬け物に入れる

▼ヘタの上の小枝をT字型に残す。ここにヒモをかけて吊るす

芯
（果肉の断面図）

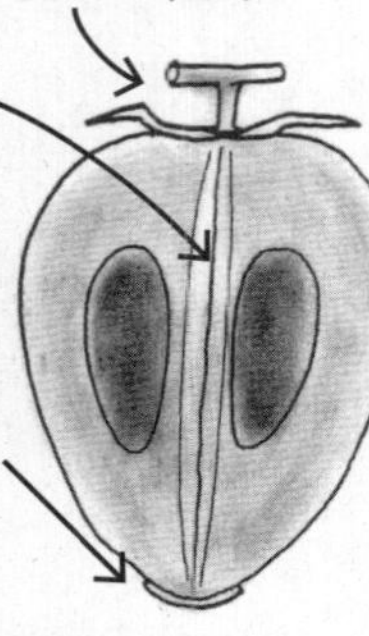

▼皮をむくときは、先端の皮を少し残すこと。ここをむくと芯が切れて果肉がくずれやすくなる

③ヒモをかけて干す

小枝にヒモをかけ、2個1セットで竹ザオに吊るす

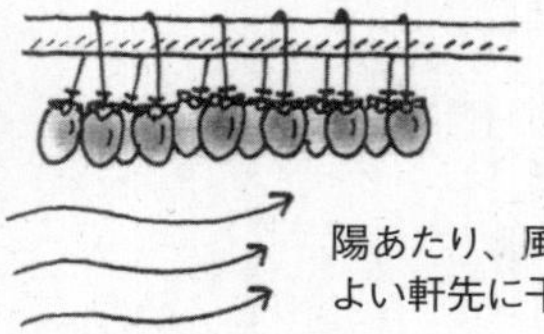

陽あたり、風通しのよい軒先に干す

※ヒヨドリ、カラス対策にはネットをかけておきます

④指でやさしく揉む

日をあらためて最低もう一度モミモミ

1個当たり10回くらいモミモミ

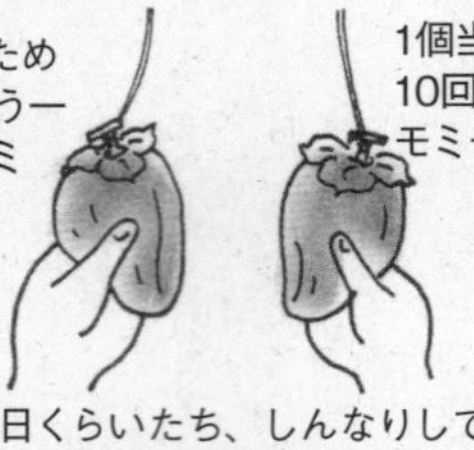

干して10日くらいたち、しんなりしてきたら果肉を揉む。中の糖分が外へまわり、白い粉をふきやすくなる。雨が多く、暖かいときは、揉むのを控えること

⑤白粉うっすらで取り込み

干して1ヵ月くらいあとに表面を見て取り込み時期を判断。ヒモからはずし、ヘタのヒラヒラしているところをきれいに取る

▼遅いとカチカチ

▼早いとカビ

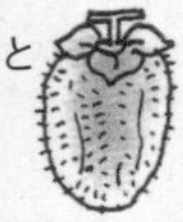

※カビの心配がないほどに乾いたら陽のあたらないところに移しておくと黒くならない

⑥白粉をふかせる

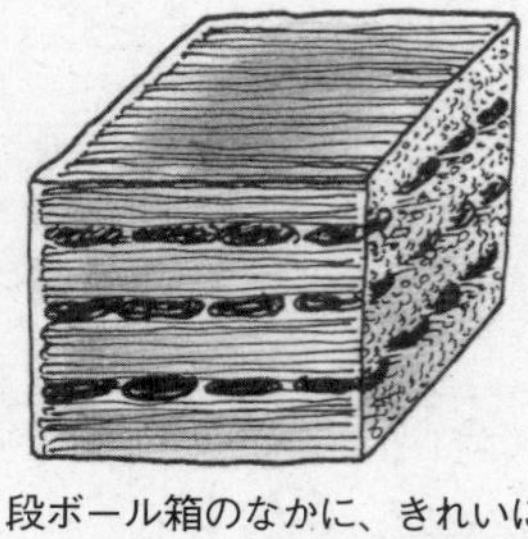

段ボール箱のなかに、きれいにしごいたイナワラと干し柿を交互に重ねて入れていく。しばらくすると真っ白い粉がふいてきてでき上がり

▼取り込むヒマがないときは…

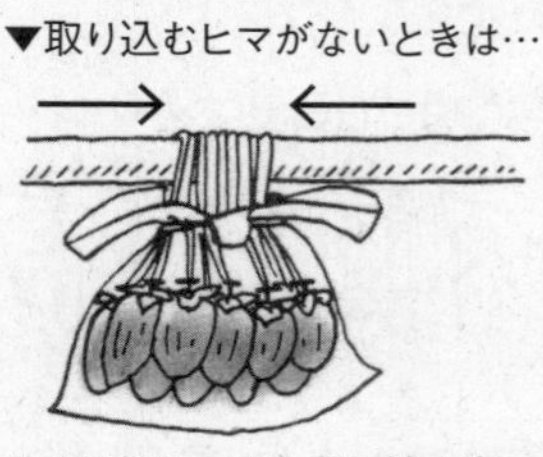

サオにかけたまま干し柿を寄せ、スーパーの袋をかぶせておくだけでも、ちゃんといい粉がふいてくる

のままでもおいしいのですが、もうひと工夫してみました。香煎を思い切りたくさん入れ、砂糖（できれば黒糖がよい）と塩ひとつまみを入れて匠練りにして、小さいおだんごに丸めます。色づいた柿の葉の上にのせ、きな粉を少しふって出すと、手間のかかった上品な和菓子に見えます（写真）。

柿酢　熟柿をガラスびんにそのまま洗わずにどんどん詰めてフタをして、縁側の隅などの暖かいところに置きます。春になるといい酸味がきているので、ザルの上に布巾を置き、自然にしたたり落ちるものをびんに入れ、保存します。

熟柿漬け　よくつぶした熟柿五～六個に、塩一五～二〇％を混ぜます。ダイコン一本を二～三等分し、それぞれ四つ割りに。柿床に漬け込み、重石をする。甘酒を少し混ぜてもいいでしょう。

ゆず

◇わが家でつくる高級珍味

「ゆず釜《がま》」

ゆず釜って知ってますか？　食べたことありますか？　ユズの中身をくり抜き、味噌を詰めて蒸して干した保存食です。薄く切って食べると酒の肴、お茶うけに最適です。お茶漬けにすると味噌とユズの香りがたまらない。みじん切りにして熱いご飯に混ぜ、おにぎりにすると感激的な旨さです。

うっとりおいしい柿の花　巻柿のつくり方

梅漬けシソの酸味と塩分、ユズ皮の酸味と香りが干し柿の甘味とマッチします

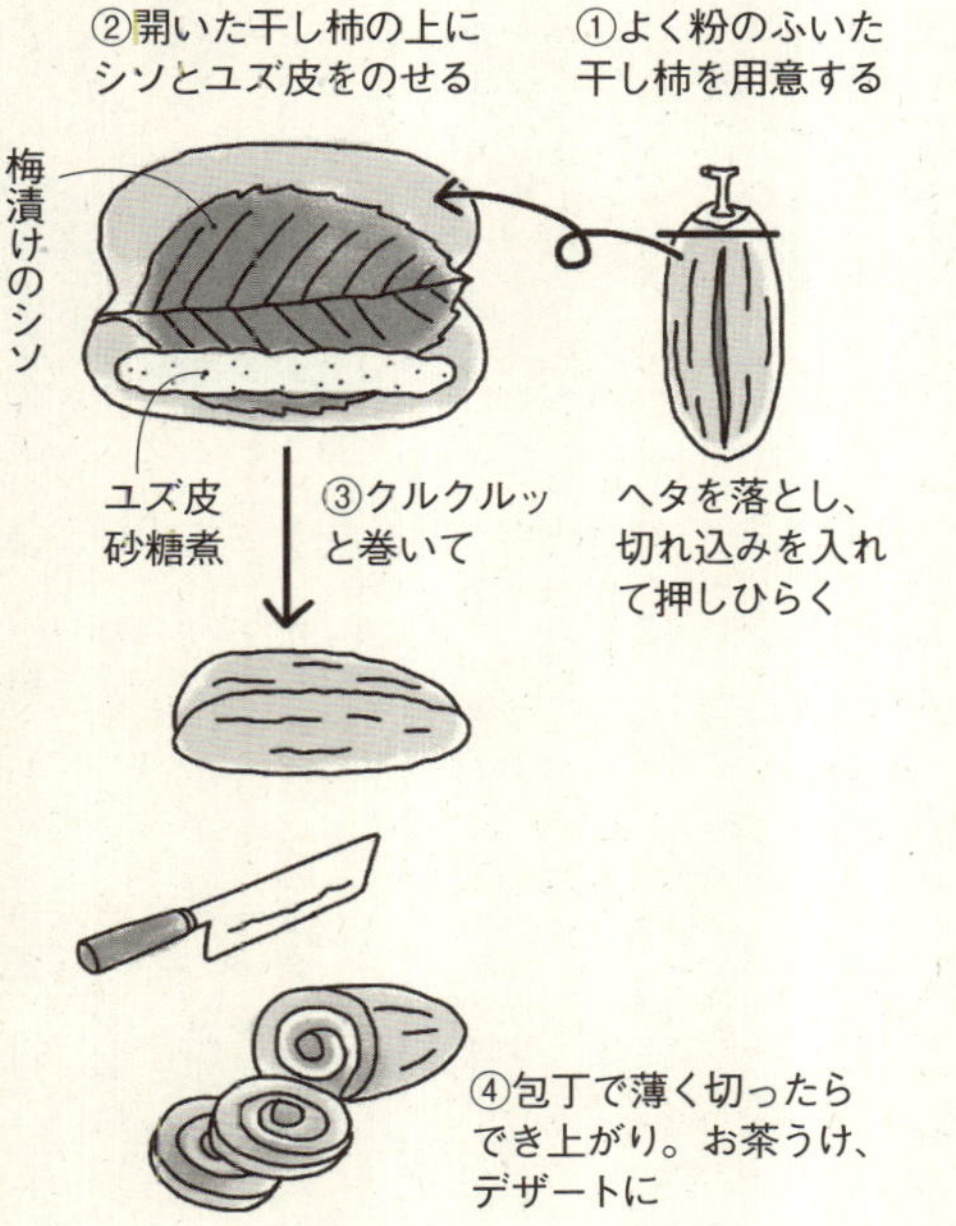
①よく粉のふいた干し柿を用意する
ヘタを落とし、切れ込みを入れて押しひらく
②開いた干し柿の上にシソとユズ皮をのせる
梅漬けのシソ
ユズ皮砂糖煮
③クルクルッと巻いて
④包丁で薄く切ったらでき上がり。お茶うけ、デザートに

チーズの塩気と柿の甘味の相性が絶妙な「干し柿のチーズ巻き」（N）

柿香煎（N）

一個八〇〇～一〇〇〇円で売られている高級珍味ですが、自分でつくればユズ代三〇円くらい、ゆず味噌代四〇円くらいでできます。ただし、つくっておられる方はご存じかと思いますが、手間がかかります。私も毎年十二月、何とか意を決して、気力で仕上げます。「今年はパスしたい……」と思うときもありましたが、ユズを採って持ってきてくれる人、私のゆず釜を待っていてくれる人のため、一年の締めくくりのような気持ちでつくり続けてきました。

でき上がるのは三月頃ですが、四～五月頃に食べるのが一番、体にあっているようです。暑くなると食べたくなくなります。

まずは一〇個くらいつくってみませんか？　楽しみですよ。

◇使い切れなかったユズも　いろいろ使える

ユズは、ふつう薬味やゆず風呂くらいにしか使われませんが、ゆず酒、砂糖漬け、砂糖煮、ゆずコショウ、ゆずティー、味噌漬などいろいろと利用価値が高く、健康と美容にも効果が大きいので有効利用したいものです。

ユズの中身は、砂糖を入れて煮つめるとジャムができます。タネは、日本酒や焼酎に漬けておくと、手荒れの薬になります。洗わずにザルに広げ天日でカラカラに干し、お茶にして飲むとリウマチによいと言われています。黒く炒って煎じるとカゼの特効薬です。

寒ずり　ゆずコショウは青ユズと青トウガラシでつくるのですが、冬に黄ユズと赤トウガラシでつくるのを「寒ずり」といいます。

つくり方は、赤トウガラシ二〇〇～三〇〇g（一週間水に浸ける）、米麹三〇〇g、ユズの皮五個分、塩一五〇gをフードプロセッサーに入れすり混ぜる。びんに入れて二～三ヵ月で熟成する。二～三年は保存できる。

珍味「ゆず釜」（O）

愛と涙の初公開！ゆず釜のつくり方

ポイントは硬くならない頃合いをつかむこと。小麦粉の入れすぎ、蒸し時間の不足、直射日光のあてすぎ、長く干しすぎに気をつけます
●ユズの下ごしらえ
（分量は次ページ）
▼フタと容器はセットにしておくこと！
合わない…
バラバラにしてしまうと中身を詰めたあとで困ります
ユズを8：2に切り、容器とフタにする
スプーンで中身をくりぬく。皮を傷つけないよう注意
（中身を上から見たところ）
切れ込み入れる
包丁をこのように入れ、なかのタネをすべて取り出す
中身をフードプロセッサーにかけ、クリーム状にする

▼逆に不足すると
なかなか干し上がらない

▼小麦粉を入れ
すぎないこと！

混ぜ終わって、トロトロと
して平らな感じではダメ
小麦粉不足
小麦粉
多いと仕上がりが
固くなって失敗

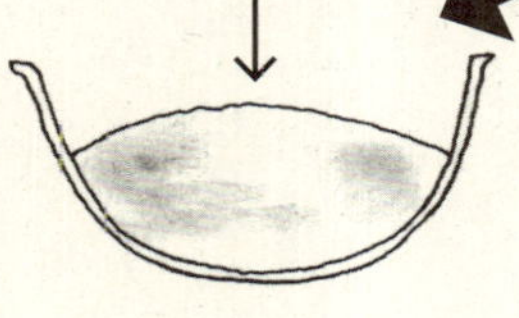
ボタッとして少し盛り
上がる感じがよい

材料をよくかき混ぜる。ゆず味噌の分量はゆず釜1個当たり60～80gがめやす。あとで追加するのは手間なので、多めにつくる

●ゆず味噌の材料を混ぜる

<材料　30個分>
ユズ30個（容器用）
あれば地元の無農薬のものがよい。一度霜にあたったほうが甘味が増す。2～3級品でもOK

ユズの中身15～20個分　しっとりとして風味豊かな仕上がりになる。30個分全部入れると酸っぱすぎる

味噌1～1.3kg　できれば手づくりのもの。なければ麦味噌や田舎味噌など手づくりふうのもので

砂糖1kg　白砂糖以外の粗製糖

煮干し100gくらい　天日干しが理想。粉末にする。量は好みで増減

ゴマ200gくらい　白、黒、金、エゴマなど。単品でも混合でもよいが、生のゴマを自分で炒って使いたい。クルミを入れてもよい

小麦粉1～1.5カップ　地粉（日本産の小麦粉）使用。量はユズの中身や味噌の水分によって調節

トウガラシ1～2本　タネを取り、粉にする。七味トウガラシでもよい。防腐効果と味のアクセントの役割

▼蒸し時間を十分にとること！

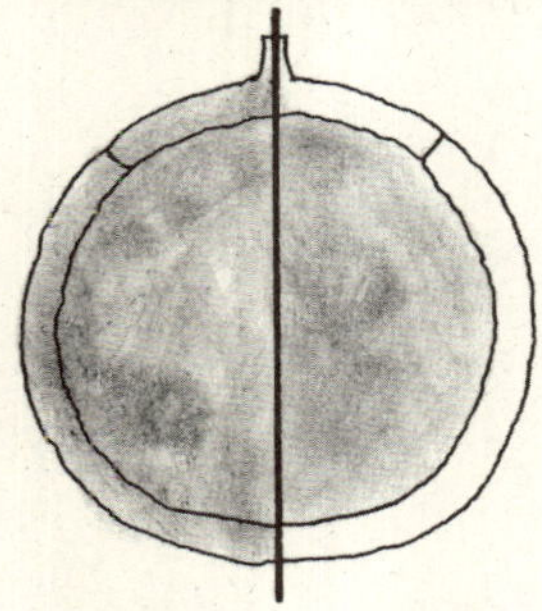
1時間
15～30分

「15～30分蒸す」と書いてある本もありますが、その程度では皮の白い部分にゆず味噌が浸み込みません。切ったときにそこだけ白く残って見栄えが悪く、硬くて味も悪い。取り返しのつかないミスで、くやしく悲しく、もったいない……

●ゆず味噌を容器に詰めて蒸す

大きめのスプーンで容器の7分目くらいまでゆず味噌を詰める

※加熱するとあふれるので詰めすぎないこと

竹ザルの上などでゆっくり陰干し。かたちを整えたり、上下を返したりしながら、しっとり仕上げる

取り込みは3月上旬頃。1個ずつビニール袋に入れ、冷蔵庫で保存

▼干しすぎないこと！

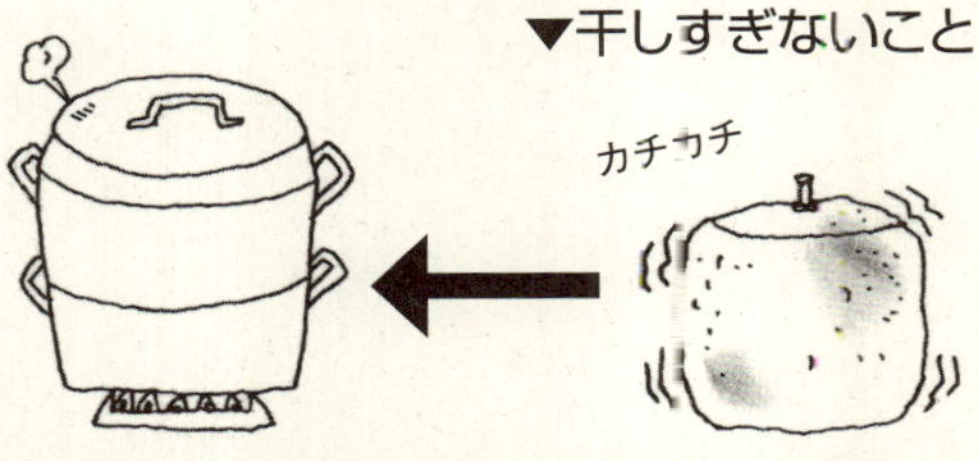
カチカチ

干しすぎで硬くなったらセイロに入れて弱火で半日～1日かけ、じっくり蒸し直します。これでカビにくくもなります

直射日光にあてすぎたり、長く干しすぎたりすると、硬くなります。グッドタイミングをつかみましょう

旬の野菜

◇お客様が驚く野菜料理とは

それはとてもシンプルな料理のことが多い。よく食べているものだけれど、いつものと違う。甘味と香りがあり、味わい深い。有機無農薬で育てた採りたての野菜を、畑で、生でかじったり、さっと塩茹でしたりしたものを、何も味をつけないで食べたときに感嘆の声がもれることが多い。

「こんなに味が違うんだね」「いままで食べていたものは何だったの?」「これなら食べられる」「体中にしみわたるようだね」。

お客様のなかには有機野菜を買って料理している方や自然食レストランを利用している方も多いが、採れたてをシンプルに味わうことは少ないと思います。

また、収穫体験だけでもなく農家レストランだけでもなく、採って、つくって、食べて、憩う、という「農家時間」の流れのなかでの食べ物は、お腹を満たすだけでなく、体のなかで大きなエネルギーとなり、明日へと向かう生きる力、心をも育ててくれるものだと思います。

例えば、先日インゲンを採ってきて、茹でたてを味見してもらったら「何これ! おいしい!」とみんなで次々食べ、赤ちゃんも手に持ってニコニコして食べ、食卓に並べる前になくなってしまいました。

どなたの顔もうれしそうにほほえみ、さっき食べた滋味深いインゲンの味や香りが体中に満ちて、心を温和にして、忘れられない思い出の味となっているようです。

こうした体験はまたあとで何かの拍子に食べ物の味だけでなく、大きな古民家の台所や山の斜面の田んぼや畑、鳥や虫の声、花や草の香り、一緒にいた人の笑顔などと一緒に思い出し、懐かしく、心がほんわかとなることもあると思います。

一〇年、二〇年たって訪ねて下さる方が多いのは、そんな里山の「思い出力」のせいかと思います。

◇野菜そのものの味を逃さず引きたてる料理のポイント

野菜の味を逃さず引きたてるポイントは、一言では説明できません。それは、野菜や料理によって調理の仕方が違うからです。

味をそこねないためにあまり加熱しないほうがいいかというと、そうとも限りません。例えばエダマメを若い研修生に茹でてもらうと、固く生臭いことが多い。色がかわり、一つ食べて、もういいかなと思ってザルにとってしまうのですが、もう二~三分茹でると、甘味と旨味が出ます。インゲンでも固いと、噛んでもキュルキュルと音がして豆臭いですね。でも逆に茹ですぎると色も味も悪くなります。

菜っぱ類も茹ですぎてはいけないと思うあまり、早く取り出してしまいがちですが、茎がやわらかくなるまで茹で、冷水にさっと浸し、手早く取り出して軽く水気をしぼって食べてみると、甘味が出て香りもよくおいしくいただけます。

しょう油やドレッシングで味をつけなくても、口のなかに野菜のやさしい味が広がる。さっと茹でても奥が深い。その頃合いは難しいですが、それぞれに対応することが大切なようです。

その野菜をどう活かすかは、経験を積むしかありません。何分茹で、何分水にさらしたらいいのか。どう切って、どう味付けしたらいいのか、完全なマニュアルはありません。色、香り、手ざわり、そして繰り返しての味見。そうしてだんだんそのときどきのベストがつかめるようになります。

ただ、調味料は、添加物のない自然食のものを使いたいものです。少し値段は高いけれど大切に少しずつ使うので、素材の味をそこねません。

また、野菜は、ふつう切って調理することが多いのですが、たまには丸ごと食べてみましょう。

ナス、ピーマンの丸焼き、皮のまま焼くトウモロコシやタケノコ、キュウリの丸かじり、サトイモのキヌかつぎ、小さいタマネギやカブ、ニンジンの丸ごと煮。味付けなしでも、わずかな塩で野菜はこんなにもおいしいんだ、と感じるはずです。

◇野菜夏巻き

春さめで巻いてあるので春巻きと言うのでしょうが、私の農園では季節の花や野菜、果物を外側から美しく見えるように巻いて、春巻き、夏巻き、秋巻きと呼んで楽しみます。ここではそのうち夏巻きをご紹介。

①キュウリの千切り、ニンジンのマリネ（ニンジンを千切りにして炒め、甘酢と塩、コショウで味付け）、卵の薄焼き、インゲンの塩茹でなどを用意しておく。
②生春巻きの皮を水につけ、少ししんなりしたら固くしぼった濡れ布巾の上に置く。
③①の具を皮の手前に置き、くるりと一、二回転させる。左右を少し折り込み、またくるりと巻く。
④トマト、ポーチュラカ、キンレンカなど外から見て美しくなるよう考えておき、最後までくるりと巻く。
⑤食べやすく切り、美しく盛りつける。
⑥ピーナツのすったもの、梅酢、砂糖、スイートチリソースなどを混ぜたたれでいただく。

春はスミレ、タンポポ、菜の花、ツクシ、セリ、オオイヌノフグリ、ハコベ、桃の花などをねらう。

◇夏野菜カレー

夏に採れるものを何でもポンポン放り込んでつくる、野菜いっぱいのカレーです。

①ニンニク、ショウガ、タマネギ、ニンジンの順に炒めていき、水を入れる。ジャガイモ、カボチャ、インゲンなどを入れ、やわらかくなったらカレーのパウダーを入れる。
②ナス、ピーマン、トマトをフライパンで焼いておき、カレーライスを盛りつけた上に、彩りよくトッピングする。全部混ぜ込んでしまうより、焼いた野菜の旨味と美しさが楽しめる。

カレーづくりはやることが多いので、みんなでやるのにピッタリ。包丁が使えない小さな子にも、ニンジンの型抜きで参加してもらえる。花、星、ウサギ、ハートなど用意しておくと楽しい。ニンジンは薄く輪切りにしておくと型抜きしやすい。

全粒粉のナンと組み合わせて

この頃はナンと組み合わせることが多い。専門店で食べるのはちょっと甘めでやわらかいが、農園のは全粒粉入りなので少し硬めだけれど香ばしい。

石臼で小麦粉を挽いて、購入した粉に一割ほど混ぜる。三歳児も手伝ってもらって、やっと石臼をまわして参加している。地粉三〇〇gに砕いた粉三〇gを加えると、あまりの色の違いに驚く。イースト小さじ一、塩小さじ一、砂糖大さじ一、オリーブ油大さじ一、水一八〇ccでこねて、暖かいところに置く。野菜を採りに行ってカレーをつくっている間に一次発酵が終わる。時の流れのなかで仕事をしている感じがとてもいいと思う。

カレーとあわせる手づくりラッキョウ

ラッキョウ二kgを塩揉みしてから熱湯に一〇～二〇秒くぐらせ、水気を切っておく。酢、梅酢、砂糖、昆布、トウガラシなどを煮たてて熱々をラッキョウにかける。冷めたらびんに移し、二～三ヵ月で食べられる。

ゴーヤ

一度に一気に採れてしまうゴーヤですが、あの手この手で残さずいただきましょう。ビニール袋に入れて冷蔵庫に入れておくと一週間くらいは元気です。

子供たちに聞くと八割の子は嫌いだが、二割の子は食べられる。ちょっとでも食べてほしくて工夫を重ねる。子供たちは切るのが大好きなので、タネの観察などしながら薄切りにしてもらう。多少厚くても薄くてもかまわない。

ゴーヤの天ぷら（K）

ゴーヤの卵とじ

①ゴーヤを薄切りにして、苦いのが好きな方はそのまま、苦味を減らしたい方は塩でちょっと揉んで、水にさらしてから使う。
②まずタマネギを（甘味が出る）、次いでニンジンを炒める（色彩がきれい）。さらにゴーヤを加えて炒め、豆腐を加える。
③塩麹で味付けし、最後にしょう油で味を調え、卵でとじる。

肉、ナス、キュウリなど加えてもよい。自然な甘味が加わりとても食べやすい。見た目も美しく食欲をそそり、栄養バランスもよい。

ゴーヤの佃煮

①ゴーヤ中一本を薄切りかさいの目に切る。
②フライパンにごま油小さじ一を温め、ちりめんじゃこか桜エビ、干しアミなどを二〇gくらい入れ、炒める。
③ゴーヤを加え炒めて、しょう油、みりん、酢各大さじ二を加え煮つめる。
④火の止めぎわに花がつおを軽くひとつかみ（約五g）入れる。
⑤冷めてから白炒りごま大さじ一を加える。

煮ると少しになってしまうので三～五本くらいつくるとよい。ご飯の友に最高です。水分をよく飛ばしておけば冷蔵庫でしばらくもつ。冷凍すれば三ヵ月くらい。

ゴーヤチップス

①ゴーヤを薄く切り、しばらく水にさらす。
②ザルで水を切りボウルに移し、片栗粉をよくまぶす。
③一八〇℃の油でカリッとなるまで揚げる。
④熱いうちに塩、コショウかハーブソルトをふる。

できたてがおいしい。薄く切り冷凍しておいたゴーヤを使ってもよい。

ゴーヤボール

①ゴーヤはタネを取り、すりおろす。
②ゴーヤの半量くらいのオカラを加えよく混ぜる。塩を少し入れる。
③小麦粉をオカラの半分くらい加えてだんごに丸め、油で揚げる。外は色が褪せてしまうが、なかはとても美しい緑色です。

味はほとんど苦味がなくなってしまうので、小さい子でも食べやすい。苦いのが好きな人は粗みじんにしたゴーヤを少し混ぜるとよい。

ゴーヤのおやき

①ゴーヤ一本を薄く切り、ボウルに入れる。ひたひたに水を加える。
②味噌大さじ一を入れて溶かす。塩味でもよい。
③小麦粉を入れる。お好み焼きくらいの硬さになるように。
④フライパンに油をひき、③を薄く伸ばして入れ、両面をこんがり焼く。

苦味も少なくなりとても食べやすい。子供には豚肉やベーコンの薄切りを入れてもよい。

ゴーヤチョコレート

①ゴーヤを五mmの厚さに切る。計量

しておく。
②フライパンにゴーヤの重さの半分の砂糖を入れ、一〇分くらい置く。
③ゴーヤから出た水分と砂糖を混ぜ、火にかける。
④ときどきかき混ぜながら強火で一〇分くらい煮る。
⑤粘りが出てきたら弱火にしてさらに五分くらい煮る。
⑥きな粉を広げたバットの上に⑤をあけて、箸で手早くきな粉をまぶす。
⑦少し冷めたら、かたちを整えながら丁寧にきな粉をまぶす。
⑧よく冷ましたらバットごと冷蔵庫の上段のデッドスペースのような場所へ二～三日くらい入れておくとよく乾いて硬くなる。びんに入れて保存。

苦味と甘さがマッチしてチョコレートのような味わいになる。きな粉にすりごまを少し混ぜると香ばしい。

野菜の加工・保存のすすめ

夏野菜は一度にたくさん採れて食べきれないこともありますね。腐らせたりせず、保存、加工しましょう。

加工の方法は、干す、漬ける（塩、味噌、しょう油、酢、塩麹、ぬか）、煮込む（佃煮、ジャム）、冷凍（薬味のニラ、ネギ、ミョウガなどは生で、ほかはさっと茹でてから）などいろいろあります。

①干す

ニンジン葉、セロリ葉、ナス、キュウリなどは細かくするか薄切りにして陽に干し、カラカラにする。

シソ類（シソ、バジル）は陽に干すと色が黒くなるので、冷蔵庫で乾燥させると色も香りもよい。

これら干した粉に市販のハーブを足し、数種のハーブ類と塩、コショウを一対一くらい混ぜて自家製のハーブソルトに（112ページ参照）。

また、ミニトマトを半分に切り、天板に並べ塩少々をふって一二〇℃のオーブンで一時間焼く。さらにザルに並べ二～三日干すとドライトマトに。乾かないときは冷蔵庫の上段へ入れておくとカラカラになる。オリーブ油にニンニクと漬け込んだり、スープに入れたり、粉にしたりいろいろ利用できる。

②煮込む

青トマトは重量の二分の一、赤トマトは五分の一の砂糖で煮込むと、おいしいジャムになる。

③漬ける

キュウリ五～六本を五mmに切り、塩で少し揉んで水気をしぼる。しょう油、みりん、酢各五〇cc、砂糖大さじ二、昆布、ショウガを加えて煮たて、熱々をキュウリにかける。冷めるまで置き、出た汁を再び三分の二くらいに煮つめ、またキュウリにかける。これを三～四回繰り返す。冷凍もできる。

ミニトマト（左）、タマネギの乾燥（K）

花オクラ

花オクラをご存じですか。花は一日のいのちですが、次々とたくさん咲きます。クリーム色で美しく、二〇cmくらいの大輪になり、見るだけでも植える価値があります。栽培法はオクラとまったく同じで、味や香りもオクラによく似ていますが、実は硬く、毛が生えていて食べられません。

フワフワサラダ　花は付け根の（手に刺さるような鋭いトゲが生えている）あたりを切り取ります。アリがついていることが多いので、花びらをつけたまま水のなかをそっとくぐらせます。

花びらをバラして、そのまま一～二cmに刻み、大きめの器にフワーッと盛り、茹でオクラの薄切りを少し散らします。マヨネーズを水か牛乳で倍に薄めたドレッシングをかければでき上がり。やさしいオクラの風味と軽い粘り、雲のようなフワフワ感が楽しく、お腹の足しにならないところがいい。花がつおと薄口しょう油の和風でもいけます。

佃煮　たくさん採れたときは佃煮に。しょう油・砂糖・酒・みりん・花がつおなどで丸ごと煮込むとトロトロになり、酒の肴やご飯の友にピッタリです。

酢の物・天ぷら　そのほか、さっと茹で、甘酢に漬けて酢のものに。保存びんに入れておくとピンクになる。また、花びらをバラバラにして薄い衣をつけ、一七〇℃くらいの油でからりと揚げ、塩をふって食べるとおいしい。

この花オクラを直売所に出荷するなら、朝早く、花が開く前に収穫。ふつうのオクラ二、三本に花オクラのツボミを五、六個合わせ、ビニール袋に一緒に入れると、バランスと彩りがとてもいい。冷蔵庫に入れておくと二～三日は開花しません。食べるときにガクをはずすと、花がきれいに開きます。

花オクラ
（下）蕾を冷蔵庫で保存、ガクをはずすと開く（K）

花オクラの野菜サラダ（左）と佃煮（K）

モロヘイヤ

せっかくの緑とヌメリを大事に

おひたし　モロヘイヤの魅力は鮮やかな緑とヌメリ。それには、茹ですぎや水にさらしすぎてトロミが流れてしまわぬよう注意します。採れてはアッと言う間に茹で上がり、ザルに上げたら、すぐにザッと冷水をかけ、ボウルに入れます。生じょう油よりも、めんつゆくらいの薄味がよく、ゴマ・エゴマ・花がつお・マヨネーズなどとあわせます。

和えもの　豆腐と半々に混ぜ、すりごまとだしじょう油で和えます。白と緑のコントラストが美しく、トロトロのモロヘイヤと豆腐の食感が絶妙。

スープ　本場エジプトでは生ですりつぶすようですが、色も悪くなるし、ザラついて食べにくい。ニンジン・シイタケ・豆腐などでお吸いものをつくり、最後にモロヘイヤを入れてさっと煮て、卵を入れて火を止めます。かき玉汁にモロヘイヤが入っただけのシンプルなスープですが、色合いがよく、トロン・ツルンとのどごしもいい。

ラッカセイ・イモヅル

初めて食べるお客さんに とびきりおいしく

ラッカセイ　袋入りでお店に並んでいますが、「茹でたのは初めて食べた」と言う人が多い。「あのラッカセイ（乾燥して炒ってあるもの）を茹でたんですか?」と言われるくらいです。そもそもラッカセイがどういうふうに実っているか知らない人がほとんど。地上部を引っ張ってゾロゾロ地中から出現すると、ウワーッと声があがります。

ザルに入れゴシゴシ洗い、すぐ圧力釜で茹でます（塩を少し入れるのを忘れずに）。圧力がかかってから弱火で五分加熱して火を止め、自然に圧力が抜けるまで待ちます。温かいうちにお客さんに出し、殻をむいて食べていただきます。

「ウマいっ!」。ネットリとした食感とほどよい甘さ。ふつうの鍋で三〇分以上茹でたのではこの旨味や粘りが出ません。茹でたラッカセイを食べたことのある人でも「こんなにおいしいものとは知らなかった」と驚きます。残ったのは殻ごと冷凍しても、まったく味が落ちません。解凍して、味ご飯、煮豆、野菜炒めなどに使います。

イモヅル　キンピラにします。先端の若い茎はそのまま、あまり太いのや硬いのは皮をむいて三cmに切ります。茹でるとむきやすくなりますが、色が黒くなるので生でむきます。少量のニンジンの千切りとともにごま油で炒め、塩、コショウ、塩麹などで味付けし、花がつおをまぶします。ニンジンの色と甘味で、彩りが美しく味もいい。

ラッカセイを圧力鍋で茹でる（右）、ネットリとした食感とほどよい甘さで受ける（K）

シソ

シソジュース

シソジュースのつくり方も本によっていろいろですが、私はクエン酸を使わずに梅ジュースと酢を使います。シソと梅の香りが相まって、色も味もとてもいいジュースができます。薬効も倍増します（梅ジュースは74ページを参照）。

○材料

水二ℓ、赤ジソの葉三〇〇〜四〇〇g、砂糖一・五kg、食酢二カップ（クエン酸なら三〇g、レモン汁なら五個分）、梅ジュース三カップ、塩少々（砂糖、酢、塩などは自然食品を使用）

シソジュース（K）
カタバミの花を浮かべる

○つくり方

①シソの葉をよく洗いザルで水気を切る。

②耐酸性の大鍋に湯を沸かし、沸騰したらシソの葉を入れ、煮たったら中火で五分くらい煮る。

③少し冷めるまで置き、別の鍋の上にザルを置き、布巾を広げ②をあけて、葉とジュースを分ける。しっかりしぼる。

④砂糖を入れ、煮たったら弱火で二〇分くらい煮て、浮いたアクを取る。酢と梅ジュースを入れ五分くらい煮る。塩を小さじ一くらい入れる。

⑤冷めたら、小びんに分けて冷蔵庫で保存。一年以上、色も味も香りも変化なし。水、牛乳などで五〜六倍に薄めて飲む。

シソの寒天ゼリー

○材料（四人分）

寒天二g（粉寒天でもよい）、水二〇〇cc、シソジュース大さじ二、砂糖一〇g

○つくり方

①水に寒天を浸し、ひと晩置く。

②中火で煮溶かし、砂糖を入れる。

③六〇℃以下になったらジュースを入れる。

④小さなグラスに注ぎ分け、冷ます。あれば白いカタバミの花など飾る。木の葉のコースターにのせ、お客さんへ。

シソジュースのつくり方（O）
①沸騰したらシソの葉を入れ、煮たったら中火で5分ほど煮る
②冷めたら布巾で漉す
③砂糖を入れ、弱火で20分ほど煮る。アクを取り、酢と梅ジュースを入れてさらに5分ほど煮る。最後に塩を小さじ1加える

タケノコ

掘りたてのタケノコを米ぬかとトウガラシを入れた湯のなかに放り込み、約一時間。野菜や野草を収穫して帰ってくるとほどよく茹だっている。釜から一つ引っ張り出して、皮をむき、切り分けたのをつまみ食い。これぞタケノコ！　味付けは不要です。

わが家のタケノコは肥料も何もやってないので、素朴で力強い味がする。香り高く、歯ごたえもよい。

わが家には孟宗竹、淡竹《はちく》、真竹と三種類あるので、四月中旬〜六月末の間、ずっとタケノコ料理が楽しめます。畑のものが少ないときには、タケノコやワラビ、フキなどがたくさん出てくれるので、本当にありがたいです。

かなりの薄味がいいご飯

米三合に対して、だししょう油大さじ一、塩小さじ一、みりんと酒各大さじ一で炊く。具はタケノコを中心に、油揚げ、シイタケ、ニンジンなどを入れる。

うちの農園では、おかずがいろいろあるフルコースの最後に、しょう油味のきつい、色の濃いものより塩味のあっさり系があう。

薄味なのにしっかり味煮物

だしと白しょう油で煮る。高野豆腐、シイタケ、ニンジンなどと一緒に煮ることが多い。「薄味なのに、味がしっかり。どうして？」とよく聞かれる。やはり素材の旨味だろう。小鉢にきれいに盛りつけ、サンショウを添えて出す。

※サンショウも自分で摘んで、のせることができます。香りも格別。

意外にも　洋風料理

タケノコは意外とバター炒め、グラタン、シチュー、スープなどにもあう。カレーにはジャガイモのように使う。

とっても簡単！ タケノコのアク抜き

「おいしいのはわかるけど、アク抜きが大変なのよねぇ」という人、実はぜんぜん大変じゃありません。農家なら簡単、掘りたてを使うのがポイントです

▼掘りたてはアクが抜けやすい

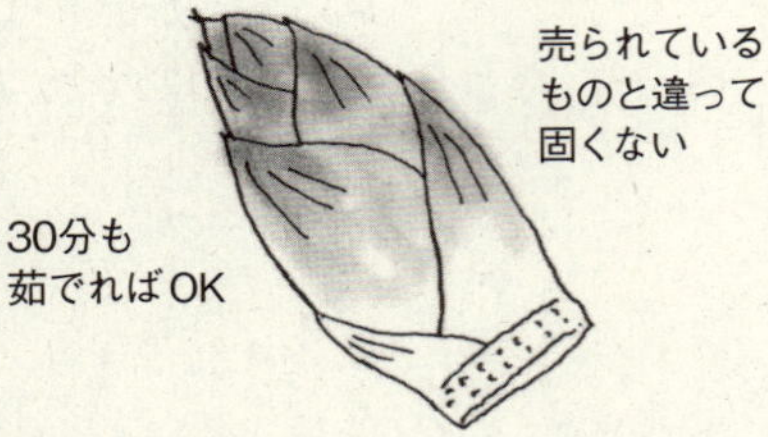
売られているものと違って固くない
30分も茹でればOK

▼米ぬかでアク抜き、旨味アップ

米ぬか100g
トウガラシ2〜3本
2ℓ鍋にタケノコ1本

米ぬかの旨味も浸み込みます

▼茹ですぎに注意

包丁で縦に切れ目を入れておくとあとから皮をむきやすい

掘りたてはやわらかいのですぐ煮える。竹ぐしがスッと入る程度で火を止める

それっぽい雰囲気
シナチク風キンピラ

うっかり伸ばしすぎてしまったタケノコが筋っぽくて最適。アク抜きしてからシナチク風に切り、ニンニク、ショウガとともに炒め、しょう油で味付け。あれば自然食の中華だしを足す。あとで黒ごまを散らす。好みで七味トウガラシをふる。本物のシナチクにはほど遠いが、弁当に入れたり、ラーメンにのせたりと大活躍。

焼きトウモロコシのような風味
丸焼き

掘りたての小さいタケノコを皮ごと焚き火のなかへ放り込む。火が強い場合はアルミホイルにくるむ。火力やタケノコの大きさにより焼き上がりの時間は違うが三〇分くらいがめやす。うっかりすると炭になる。都会のお父さんたちの憧れの食べ方のようです。オーブンで焼いてもよい。

すぐ食べられる　甘酢漬け

保存食だが、二〜三日で食べられる。料理の付け合わせ、ちらし寿司などに重宝。分量は、アク抜きしたタケノコ五〇〇gに対して、酢一カップ、砂糖一〇〇gくらい。梅酢大さじ一〜二、タカノツメ二〜三本。

タケノコは、薄くスライスして水気をよく取る。煮たてて冷ました甘酢にタカノツメを入れ、タケノコを漬ける。要冷蔵。

ビックリ！でおいしい タケノコだんご

「さて、これは何でしょう？　正解の人にはもう1個おまけ」などと言って盛り上がります

ヤマイモ、レンコン、サトイモ…。魚が入ってるのかな？　やわらかめのハンバーグみたい
タケノコの硬いところをすって揚げたものでーす
えーっ、ビックリ！

①する

サイコロ大に切ってからフードプロセッサーにかける（手ですると筋が残る）

②水を切る

ザルで軽く水切り

③丸める

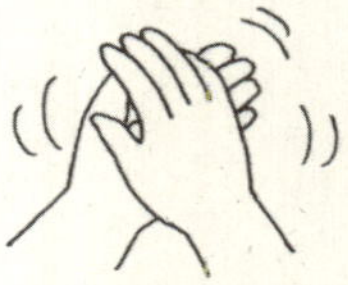

小麦粉少々、塩ひとつまみ入れて小さく丸める。くれぐれも小麦粉を入れすぎないように

④揚げる

キツネ色になるまで2～3分揚げる

片づけが済んだ夕方、残りもののタケノコだんごであんかけ丼をつくり、サンショウを散らして二人で食べるのが楽しみ。秘密の賄い食です
ちょっと甘めの煮汁で少し煮て、片栗粉の水溶きでとろみつけ。ふんわりとして、コクがある。揚げたてならカラシじょう油や大根おろしでもOK

だんごをつくる要領でタケノコハンバーグも（K）

＊春の野草

イタドリ

イタドリのジャム

イタドリは四月が旬です。たくさん塩漬けにしておきましょう。すぐに使うのなら塩抜きして炒めものにしてもおいしいですが、ジャムもワイルドな味でいい。「いままで食べたジャムのなかで一番おいしい」とよく言われます。つくり方はとても簡単。

採ってきてそのまま加熱すると歯ごたえがなくなり、溶けてしまいます。調理の前に一週間塩漬けすることで旨味と歯ごたえが出ます
塩

イタドリのジャム（左写真）は色の悪いのが欠点ですが、お客さんは「さっき摘んだ雑草が、アレヨアレヨと言う間においしいジャムになって、デザートで出てくるなんて！」と感激します。クレープとの相性がとてもいいのもこのジャムです。つくり方は次のとおり。

イタドリジャム

①イタドリをさっと湯通しして皮をむき、薄く輪切りにする。重さを量っておく。イタドリは若くてやわらかいものを使うこと。

②五分ほど水にさらす。水にさらさないと渋味が残り、さらしすぎるとイタドリらしさが失われるので注意。

③ザルに上げ、水気を切る。イタドリの五〇％の砂糖を用意する。好みで塩を少し加えると味のバランスがよくなる。

④フライパンにイタドリと砂糖を入れ煮る。汁がたくさん出てきたら、火を弱め、焦がさないよう煮る。少量ずつつくるのがコツ（三〇〇〜五〇〇gくらい）。

⑤ジャムらしくなってきたら、少し水分が残っているうちに火を止める。小びんに詰めて冷蔵庫へ。

塩漬けで歯ごたえが出る！イタドリの炒めもの

イタドリは場所によってはいくらでも生えているし、ワラビのように

塩保存のイタドリ（右）、ジャコ炒め
（上のイタドリジャムの写真ともK）

食べる方もあまりいないのでたくさん採れる。たとえようのない歯ざわりで涙が出るくらいおいしい。これを目当てに、時期になるとわが農家レストランに遠くから通ってくるお客様もいます。

　イタドリの調理で大事なのは、採ってきてそのまま加熱すると歯ごたえがなくなり、溶けてしまうので、調理の前に一週間以上塩漬けすることです。これで旨味と歯ごたえが出ます。

○下ごしらえ（塩漬け）

①葉の出ていないイタドリを簡単にポキンと折れるところから折る。大鍋に湯を沸かし、根元から入れ、五～一〇秒ほどつけすぐ冷水に取るときれいに皮がむける。熱いまま放置するとやわらかくなってしまう。また、茹ですぎると変色し、やわらかくなってしまうので注意。

②二cmほどに切り、大きなボウルに入れ、軽く塩をして重石をせずにひと晩置く。すぐ重石をするとイタドリが板状になってしまう。

③しんなりしたら水気をしぼり、多めの塩（一〇％くらい）で一週間以上漬ける。塩抜きは流水にひと晩つけるか、ボウルに入れてときどき水をかえる。

　漬け物として食べるなら一時間くらい漬ければ食べられる（梅干しのような味）。長期保存の場合は漬け水を捨て、もう一度たくさんの塩で漬け直す。

○炒め方

①よく塩抜きしたものをザルに入れ、しっかり水気を切る。

②中華鍋にごま油を熱し、まず煮干し数匹を焦がさないように炒める。

③こんがりしたらイタドリを入れ、さっと炒める。

④しょう油で味をつける。塩麹もとてもよくあう。

　ベーコンと炒めて、塩、コショウしてもおいしい。

フキノトウ

フキノトウが一つしかなくて、天ぷらにするか、味噌和えにするか……なんて思っているうちにしなびてしまう。もったいない。かわいそう。「ふきのとう味噌」は温かいご飯にのせて食べると、ほかにおかずはいらない。地中から吹き出たエネルギーをいただいているようで、元気が出る。

　「ふきのとうのおやき」は私が五歳の頃に亡くなった祖父が好きだったおやつ。二月頃になると、私たちに「フキノトウを見つけておいで」と頼んでくる。フキノトウが生えているのは幼子がもぐるのにちょうどよい垣根のふもと。三河地方では「ダラ焼き」、群馬では「ジリ焼き」。小麦粉、味噌、フキノトウ、油が不思議なまでの一体感となって体中に溶け込む。おじいさんの味。

　フキノトウはそんなにたくさん見つからない貴重品。たくさんの量に

フキノトウはそんなにたくさん見つからない貴重品。たくさんの量に増やせて、みんなで春を味わえるような食べ方がいいでしょう

増やせて、みんなで春を味わえるような食べ方がいいでしょう。

ふきのとう味噌

①タマネギ（小）一個分のみじん切りを油でよく炒め、洗ってみじん切りにしたフキノトウ一～二個分も加えてよく炒める。

②①の火が通ったら、味噌をタマネギの四分の一くらい入れて、よい香りがするまで煮つめる。

　タマネギとフキノトウの割合は自由。好みで花がつお、ゴマ、砂糖少々を入れる。ニンジン、ゴボウのみじん切りを一緒に炒めてもおいしい。

ふきのとうのおやき

①ボウルに小麦粉一・五カップ、水一カップ、味噌（できれば田舎味噌）大さじ山盛り一、生のフキノトウのみじん切り一～二個分を入れ、よく混ぜる。ゆるめの生地にする。

②フライパンに油をひき、生地をだらりと入れる（ジリジリと音がする）。

③焦がさぬように両面を焼いて、何もつけずに食べる。

　フキノトウのかわりにネギ、アサツキ、ヨモギなどでもOK。

スミレ

　道を歩いていてスミレの花に会ったら何よりの幸せ。ダイヤやルビーよりきれいで気品がある。食べてしまうのがかわいそうだけど、しおれてしまうなら食べさせてね。タネになるぶんの花は残しておくから。花も葉も根も食べられるスミレにはルチンが含まれ、高血圧にもいい。

酢のもの

　花をさっと茹でると変色するが、甘酢に浸けるときれいな色に戻る。戻した糸寒天かクズきり、茹でたスミレの葉と一緒に酢のものにするときれい。

スミレの花のクレープ

　色の濃いスミレを使います。時間がたってしおれたときは水に浸すと戻ります。クレープは片側だけを弱火でじっくり焼きます。

①クレープの生地は、小麦粉一〇〇g、卵一個、オカラ一〇〇g、水二カップ、塩少々をよくといて、三〇分くらい寝かせてからフライパンかホットプレートに薄く伸ばす。

②生地の表面が乾かないうちにスミレの花をのせる。菜の花をのせてもきれい。

③じっくり火をよく通し、乾いたまな板の上に取り出す。好みのジャムをぬって食べる。

スミレの花のクレープ（N）

クローバー・フキ・ヨメナ・ワラビ

衝撃度ナンバーワン！
クローバーのおひたし

「まさか、クローバーが食べられるなんて……」という驚き。一人分で二〇～三〇本集める。

どれを摘んでもいいというわけにはいきません。たくさん生えているところを手でかき分けてみると、少し色が薄く、とじ加減のやわらかくて若い葉があります。そういう葉なら硬くありません。

①塩を入れた熱湯で二分茹でる。かじってみて苦味が抜けていればいい。

②冷水に取り、ザルに上げる。

③ギュッとしぼったり切ったりせず、ボウルに入れ、めんつゆを薄めたもので和える。吸いものに入れてもきれい。

クローバーの未展開葉を摘む。下はクローバーのおひたし。ぬるっとした食感、クセがなくておいしい（K）

さし水で硬くならない！
キャラブキ

市販の太いものと違い、屋敷まわりに生えているフキは細く、煮つめると硬くなりやすいです。途中で水を加えるのがポイント。

①ヤマブキ（またはふつうのフキ）一kgをよく洗い、水を切り、皮ごと使う。

②五cmくらいに切り、ひと晩塩水に浸けてアクを抜く。水気を切り厚手の鍋に入れる。水をひたひたに入れ、しょう油一カップと砂糖一カップ、酒大さじ二、みりん大さじ二を入れ、弱火で三～四時間煮る。

③煮つめると針金のようになるので、冷水を加え、再び煮る。

④三～四回繰り返すと、ふっくらとやわらかく、ツヤが出て、味わいの深いキャラブキになる。

サンショウの葉と一緒に煮ると香りがよくなる。塩分、糖分が少ないので小分けして冷凍保存する。

市販の太いものと違い、屋敷まわりに生えているフキは細く、煮つめると硬くなりやすいです。途中で水を加えるのがポイント
水

上品な香りと色合い！

ヨメナのご飯

ご飯にすると、フワーッとかぐわしい春の香り。食べると春が体の奥まで伝わります。ヨメナはヨモギほど苦くないので意外と使えるのです。

①ヨメナの若芽を摘み（芽はまた出てくる）、熱湯でさっと茹で、水に取る。

ご飯にすると、フワフワとかぐわしい春の香り。食べると春が体の奥まで伝わります。ヨメナはヨモギほど苦くないので意外と使えるのです

②ゆるめにしぼって細かく刻み、塩を少しふってよく混ぜる。

③②をギュッとしぼり、少し冷め加減のご飯に混ぜる（熱々のご飯に混ぜフタをするとすぐ色がかわり、香りもなくなる）。時間がたつと色も香りも落ちるので注意。

ヨメナは秋になると野ギクの花を咲かせて二度喜ばせてくれる。野ギクの姿そのままの天ぷらは香りもよく、薄紫で美しく、うれしい一品。

超早ワザ！

ワラビの重曹アク抜き法

ふつうならワラビのアク抜きは、木灰をまぶして半日置いてから熱湯をかけるか、重曹を溶かした熱湯をかけるかし、ひたひたのまま重石をのせてひと晩置いて、苦味がなくなるまで水にさらし……と大仕事。それが、意外や意外。なんと、ワラビを採ってきてから二〇分くらいで食べられるから驚き。

そのやり方は、お湯が沸いたら重曹よりも先にワラビを入れます。また、重曹を入れたらグツグツ火にかけ続けないことがポイント。

①たっぷりのお湯を沸かし、ワラビ一〇〇〜二〇〇gを入れる。再沸騰したら、大さじ一杯の重曹を入れる。

②すぐに火を止め、五分くらい置く。

③試しに一つ、水でゆすいで食べてみて、苦味が取れていればＯＫ。も

重曹
お湯が沸いたら重曹よりも先にワラビを入れます。また、重曹を入れたらグツグツ火にかけ続けないことがポイント

ワラビを塩蔵する場合は、さっと熱湯にくぐらせる程度に（K）

し、残っていても、そのままもう少し置いておけば、取れるはず。

料理はおひたしにしたり、酢のもの、和えもの、炒めもの、煮物、汁ものなどもあるが、ミズは何もつけずにそのまま食べて驚いてみよう。

塩蔵の場合は、塩漬けする前にワラビをさっと熱湯にくぐらせ、さっと水につける。ザルで水気を切って二〇%の塩で漬ける。少量の場合は保存用ビニール袋が便利。一週間ほど漬けると茶色のアク汁が出る。塩抜きして、しょう油、ごま油、花がつおで和えてナムル風にして食べるとおいしい。

長期保存する場合は、漬け汁を捨て、もう一度二〇%の塩で漬け直す。夏を越し翌年の春までもたせたいなら、もう一度か二度漬け直す。

塩抜きは、ワラビをボウルに入れ、水を二、三度かえ、少し塩気が残っているくらいにする。

ツクシ

ツクシの干菓子

私の農園ではツクシのご飯、お吸いもの、酢のもの、和えもの、卵とじ、クッキー、砂糖菓子など、ツクシのいろんな料理をお客さんに楽しんでもらいます。

なかでも一番人気は、「ツクシの干菓子」。そのほかのちょっと工夫したツクシ料理と一緒に紹介します。

姿が美しいツクシのクッキー

かわいくて食べてしまうのがもったいないくらい。野の花のクッキーづくりは春の定番です。そのなかでもツクシとスギナをのせたものはとくに人気があります。焼くことで苦味も消え、筋っぽさもなくなります。

みんなで野の花や草を採ってきて、ワイワイとつくり始めるのですが、そのうち、シーンとなります。クッキーという小さなスペースに春

ツクシ
料理の下ごしらえ

お菓子、煮物、酢のものなど、いろいろな料理に使えます

ただし、「おいしいから」「たくさん採れたから」といっても食べすぎには注意。成分中のケイ酸カルシウムは少量なら体にいいが、摂りすぎると血尿の原因になることもあるそうです

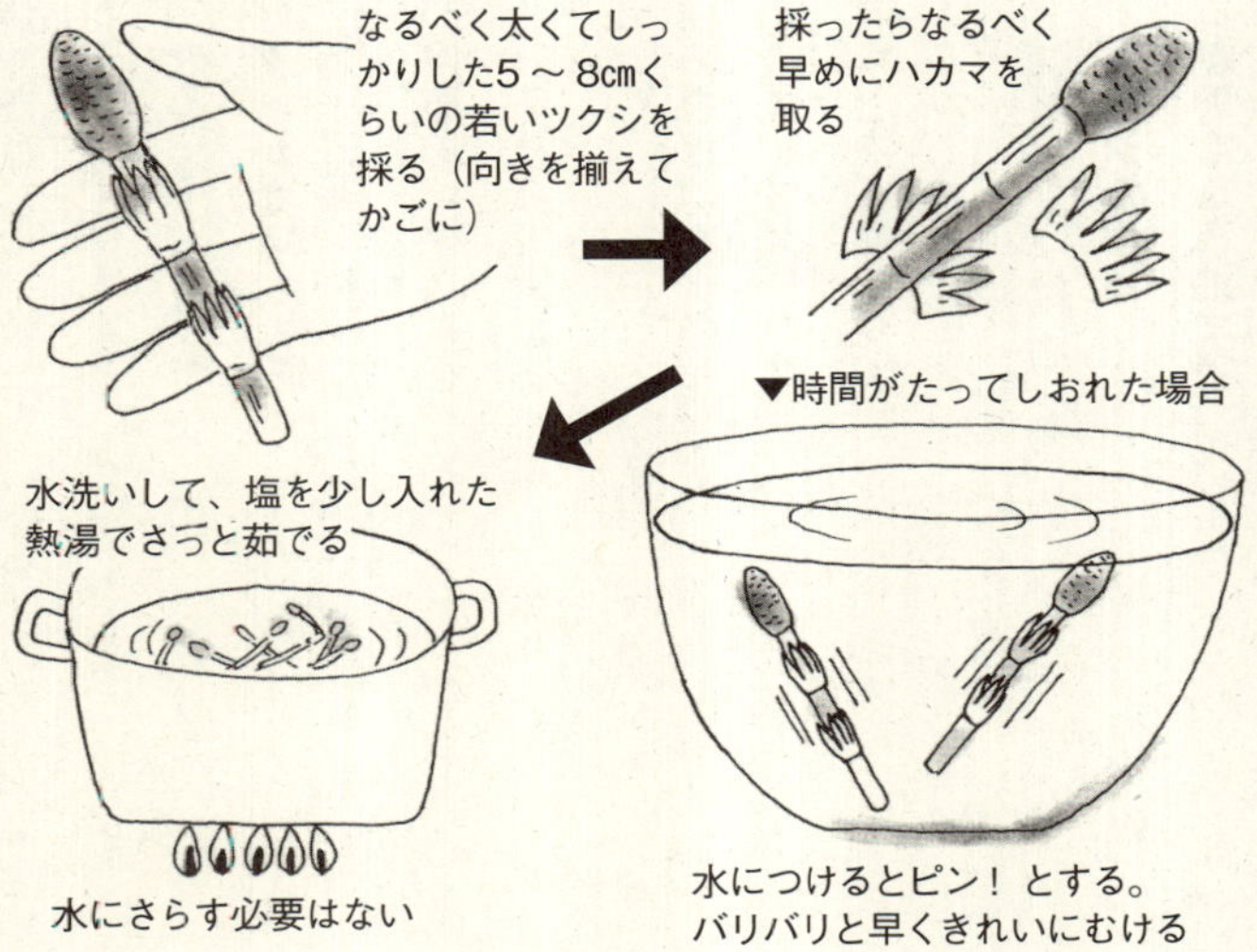
なるべく太くてしっかりした5～8cmくらいの若いツクシを採る（向きを揃えてかごに）
採ったらなるべく早めにハカマを取る
▼時間がたってしおれた場合
水洗いして、塩を少し入れた熱湯でさっと茹でる
水にさらす必要はない
水につけるとピン！とする。バリバリと早くきれいにむける

ツクシ・スギナ（上）とツクシの干菓子（O）

を表現しようと熱心になるあまり、おしゃべりもストップ。材料が足りなくなったら畑へダッシュ。

焼く前の姿のきれいなこと。しかも焼いても色があまりかわらないから驚き。食べてもおいしい（ほとんどの野草が使えますが、毒草が混じらないよう入念にチェック）。

つくり方は簡単。オカラたっぷりのクッキー（68ページ参照）生地の上に、生のままの花や葉っぱをピッタリと貼り付けて、一八〇℃のオーブンで約二〇分焼くだけ。

ただし、ツクシだけは生で上手に焼けません。筋っぽく、干からびてしまう。ツクシはダメかな？　と思っていたのですが、ある日、テーブルにたまたまあった茹でたツクシを試しに使ってみると、まるで野にあるように焼けました。

スギナは小さいのをそのままのせてください。オオイヌノフグリのブルーの花、菜の花などを一緒に焼くと、彩りが美しい。スミレの花と葉も色褪せず、いいですよ。

使い方いろいろ、ツクシの煮物　少し濃い目に砂糖としょう油で煮ておくと、そのままでご飯のおかずにいいのですが、いろんな料理に使えます。

ツクシご飯　ツクシだけでもいいのですが、ニンジン、油揚げ、シイタケなどで薄味の炊き込みご飯を炊いておき、あとで適量のツクシの煮物を入れる。グツグツ煮ないほうが味も見た目もよい。

ツクシの干菓子

お茶のときに出します。あまり甘くなく、ツクシの味がしっかり残っているので好評。ふつうはグラニュー糖にまぶしますが、片栗粉で試したら、あっさり、おいしい味になりました

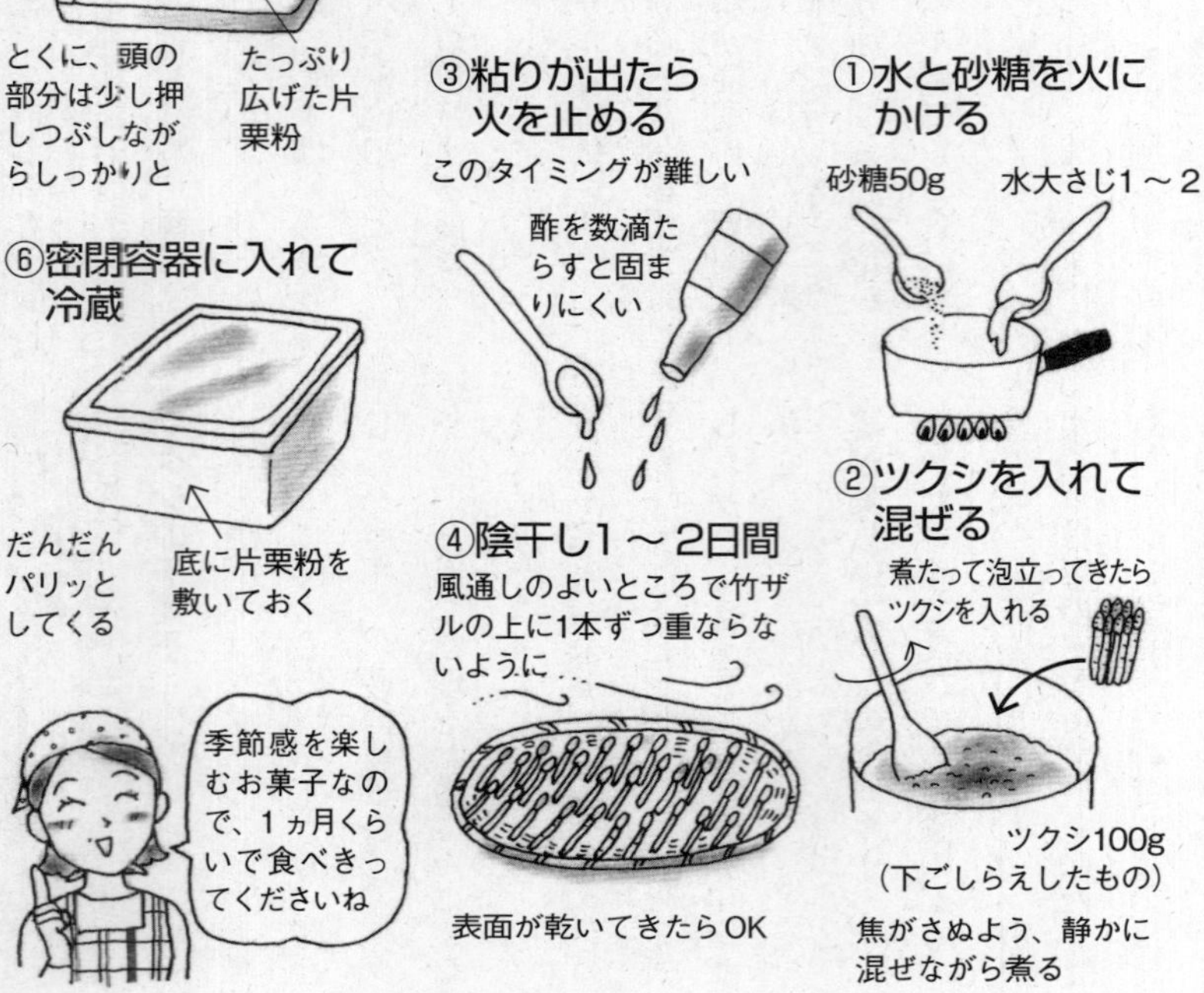
①水と砂糖を火にかける
砂糖50g
水大さじ1～2
②ツクシを入れて混ぜる
煮たって泡立ってきたらツクシを入れる
ツクシ100g
（下ごしらえしたもの）
焦がさぬよう、静かに混ぜながら煮る
③粘りが出たら火を止める
このタイミングが難しい
酢を数滴たらすと固まりにくい
④陰干し1～2日間
風通しのよいところで竹ザルの上に1本ずつ重ならないように
表面が乾いてきたらOK
⑤片栗粉にまんべんなくまぶす
広めのトレイ
たっぷり広げた片栗粉
とくに、頭の部分は少し押しつぶしながらしっかりと
⑥密閉容器に入れて冷蔵
底に片栗粉を敷いておく
だんだんパリッとしてくる
季節感を楽しむお菓子なので、1ヵ月くらいで食べきってくださいね

ツクシは苦いと思われ、ゴテ
ゴテと甘辛くしがち。でも、
薄味で炒めてやると旨味が
しっかり出ます。ツクシだけ
よりも野菜などを入れたほう
が甘味が出て、筋っぽくなく、
彩りもきれいです

ツクシ丼　卵丼にツクシが入ったようなものですが、春らしい一品。休日のお昼などにピッタリです。

切干し大根との煮物　冬につくられた切干し大根と春先のツクシの運命的な出会い！　いえいえ、たまたまお客さんの人数に対してツクシが足りず、苦し紛れにたくさん煮てあった切干し大根と合わせたら、おいしかったのです。切干し大根の甘味とツクシの苦味がとてもよくあって、小さい子にも食べやすい味になりました。

ツクシ巻き　カンピョウ巻きのかわりにツクシを入れて巻きます。

ツクシの酢のもの　甘酢漬けがきれいでおいしい。茹でて甘酢に漬けておくと、ほのかなピンクに染まります。長期保存が可能ですので、ヒマがあれば多めにつくっておきましょう。加工所をつくって販売したいような一品です。よく「売ってほしい」と言われるのですが、せいぜい自家用分しかつくれません。

　ちらし寿司の上に飾ったり、握り寿司にのせ、ミツバでかわいらしく縛ったり、巻き寿司の芯にしたり。姿も美しく、楽しいです。そのまま料理のあしらいに二〜三本つけても素敵ですが、スミレの花と葉の茹でたもの、糸寒天などと合わせるときれいです。

ツクシの炒めもの　ツクシは苦いと思われ、ゴテゴテと甘辛くしがち。でも、薄味で炒めてやると旨味がしっかり出ます。ツクシだけよりも野菜などを入れたほうが甘味が出て、筋っぽくなく、彩りもきれいです。

①ツクシはしおれるとハカマが取れなくなるので、採ったら手早くクルクルとむく。

②ハクサイかキャベツの千切りとハコベを油でよく炒め、①を入れる。塩コショウで味付けし、しょう油を少し。

③卵を溶き入れ、フタをして蒸らす。

カリッとおいしいイナゴ佃煮

ものの本には「羽をむしる」とか「足を取る」とか書いてあるけど、そんなテマ・ヒマかけられませんよね。ちょっとかわいそうだけど、そのままさっと塩茹でし、水気を切ります。中華鍋にごま油を熱し、イナゴを炒め、カリッとして香ばしくなったら、適量のしょう油・砂糖・酒で煮ます。さらにショウガの千切りを入れて煮つめます。冷めたら白ごまをふってでき上がり。

＊夏の野草

夏になると、野草や山菜は採るものがないと思っている方が多いですね。三〇～四〇種類以上の山野草が次々に出てくれる春に比べ、夏はキュウリ、ナス、トマト、トウモロコシなど畑のものがおいしいのは確かです。でも野草もちゃんとあるのです。アカザ、イヌビユ、スベリヒユなど、とてもおいしい。ツキミソウ、ツユクサ、カンゾウ、ギボウシの花なども美しくおいしい。「あれがない、これが足りない」と嘆いたり行きづまったりしないのが、自然の営みです。パワフルな夏の野草の生命力をもらって、元気な夏に！

わが家のまわりは食材でいっぱい（O）

アカザ

三五年間、まったく播いたこともありませんが、きちんと生えてきて絶えることがありません。江戸時代はれっきとした野菜だったそうです。以前、春播きホウレンソウをつくったのですが、ほとんど食べませんでした。一緒に生えてきたアカザのほうがずっとおいしかったのです。

栽培ものにはない、野性的で奥深い味です。若い芽を摘み、やわらかく茹で、水にさらす。和えもの、炒めもの、汁の実、チャーハンなどに。秋の実も若いうちに茹でて、ふりかけ風に。

アカザ。若芽を和えもの、炒めもの、汁の実、チャーハンなどに（K）

イヌビユ

これも、どんどん勝手に次々新芽が出て、野菜づくりが下手な私たちを助けてくれます。成分はグルタミン酸が多そうで味がとてもよいです。私は、夏は葉物を無理してつくらないのでありがたい存在です。野菜も、こんなに手間なしでつくれたらいいですね。

食べ方はアカザと同じ。肝臓にとてもいいそうです。改良種としては、大型で食べやすいバイアムがあります。

スベリヒユ

地面を這うようにして生える、夏が大好きな野草です。畑では邪魔者ですが、わが家にとっては貴重な食材です。少し酸味がありますが、茹ですぎないよう注意して茹で、水にさらし、カラシじょう油で食べます。生食のサラダ、揚げもの、炒め

ホウレンソウと共生するイヌビユとそのおひたし（K）

ものなどもおいしい。

夏バテの薬と言われていますが、利尿、解毒、乳腺症、皮膚病にもよいそうです。

茹でて乾燥させたものは、ゼンマイのような保存食になります。園芸種のポーチュラカ（ハナスベリヒユ）とよく似ていますね。じつは、ポーチュラカのほうがアクと酸味が少なくて食べやすい。きれいな花をつけたまま摘み、レタスのサラダに入れたりします。恐る恐る食べてみてください。

クズ

農家にとってクズは大敵ですね。しかし「西村雑草園」にとっては必需品です。

幼児の手のひらくらいのを天ぷらにして、塩をふって食べると、パリパリとおいしくポテトチップスのよう。学校の体験学習では一番人気で、「もう一枚くれー」と台所まで入ってくる子がいます。夜、お母さんに揚げてもらおうとドッサリ摘んでいく子も。

マメ科ですので、栄養もあり味もよい。干してお茶に、粉末にして葉緑素の補給源（商品化されているようですね）としても有効です。

葉の上にまんじゅう生地をのせて蒸すと、クッキングペーパーもいらず、色香も少し移り、安全、便利、趣があります。もちろん夏の名物クズ餅も、きれいに洗ったクズ葉の上にのせて出します。

「お店ではクズの葉のかたちをしたビニールを使ってるけど、本物はこれなんですよ」と説明すると、「あーそうでしたか」と感心する人がほとんど。自然が遠くなっているんですね。

秋口の紫色の花も、香りがよく色も姿も美しい。天ぷら、茹でて酢のもの、干してお茶（二日酔いに効く）にします。

野の花を食卓に！

ツユクサのブルー、ホタルブクロの紫、月見草の黄色……いいですね。忙しくてそんなもの、ゆっくり見てる暇も採る暇もない。まして食べるなんて、と言う方がほとんどでしょう。

夏はデザートに冷たい寒天ゼリーを出します。ツユクサやカタバミ（ピンク、白、黄）を飾り、一緒に食べてもらいます。そう違和感はありません。甘酸っぱくてゼリーにあいます。

月見草は朝の散歩でお客さんに採ってきてもらいます。

クズの葉を摘む。
下は、右の若い葉が採集適期（K）

茹でてさらして、キュウリの塩揉みとあわせて酢のものに、美しく盛り、ツユクサの花を添えます。

ナスタチュームは野草ではありませんが、ツユクサの花と盛りあわせたそうめんは、薬味としても目のご馳走としてもいいですよ。

そのほか、ギボウシの花、カンゾウの花もサラダや酢のものによく使います。

イノコヅチ

秋に、草むらで仕事をしているとイノコヅチの実がびっしりと衣類についてしまうことがある。繊維のなかまで入り込み、取り去るのが大変なのであまりよいイメージはないが、食べてみると意外とおいしい。

春先がおいしいが、夏でも草を刈るとすぐにやわらかい新芽が出てくる。あまりのおいしさと生命力の強さにイノコヅチの苗が欲しいと言うお客様が多い。播かずとも生え、肥料もいらず、虫もつかず、病気も出ない。春から秋にかけ何度でも収穫できる。漢方では、根の干したものは牛膝《ごしつ》といって、リウマチや座骨神経痛、腰痛の治療などに使われる。

春先の若芽のやわらかいところを摘み、さっと茹で、少し水につけてアクを抜いて料理する。苦味も少ないので食べやすい。あまり個性のある味ではないが、かすかな苦味が何とも言えない旨味となり、また食べたいと思わせてくれる。

煮びたし

①アク抜きしたものを二cmくらいに切っておく。

②フライパンにごま油を入れ、ニンジンの千切りを炒め①と油揚げの千切りを加え、しょう油と塩麹で味付けする。

③器に盛り、白ごまをふる。

和えもの

アク抜きしたものを食べやすく切り、いろんな調味料と和える。ごま和え、味噌和え、白和え、マヨネーズしょう油などとイノコヅチのやさしい苦味がよくあう。

イノコヅチのおひたし（K）

こんな夏の朝食はいかが？
野草をふんだんに使った料理です（O）

第三章

便利！つくって保存、味覚食材・健康食品

ふだん捨てているニンジン葉、硬くなったセロリ、枯れゆくシソの葉、芽の伸びたタマネギ、食べきれない野菜…。そのままではダメになる食物を、もう一度価値あるものに。それが農園の台所の役目。

〝もったいない〟が保存食の基本。余すところなく感謝していただくのが健康の源。

本章では、色・香り・味が褪せないスギナのお茶・ふりかけ、ハーブや野菜を干した自家製ハーブソルト、ビワの葉エキス、卵黄油など、つくりおきして便利、重宝な健康食材のつくり方・使い方を紹介します。

スギナを細かく刻んで乾燥（K）

香り野菜、雑草、その他

エゴマ

夏から秋にかけて、自然農園で意外と活躍するのが「香り野菜」たち。ここではそのなかでもエゴマ（シソ）とミョウガについて紹介します。見た目や香りを活かしつつ保存するのが、調理のコツ。

香り野菜エゴマの葉（K）

芳ばしさ、葉っぱの見た目を活かし、保存
エゴマの葉の中華漬け

※エゴマがなければシソの葉を使いましょう

ニンニク臭・辛みの少ない調味液でエゴマの葉の香りを残します。重ね漬けで葉のかたちも残ります。ごま油と密閉容器で保存もバッチリ

調味液

しょう油　1/2カップ
酢　1/4カップ
砂糖・ごま油・すりごま
各大さじ2
ニンニク1片（すりおろし）
ショウガ親指大（すりおろし）
トウガラシ　少量

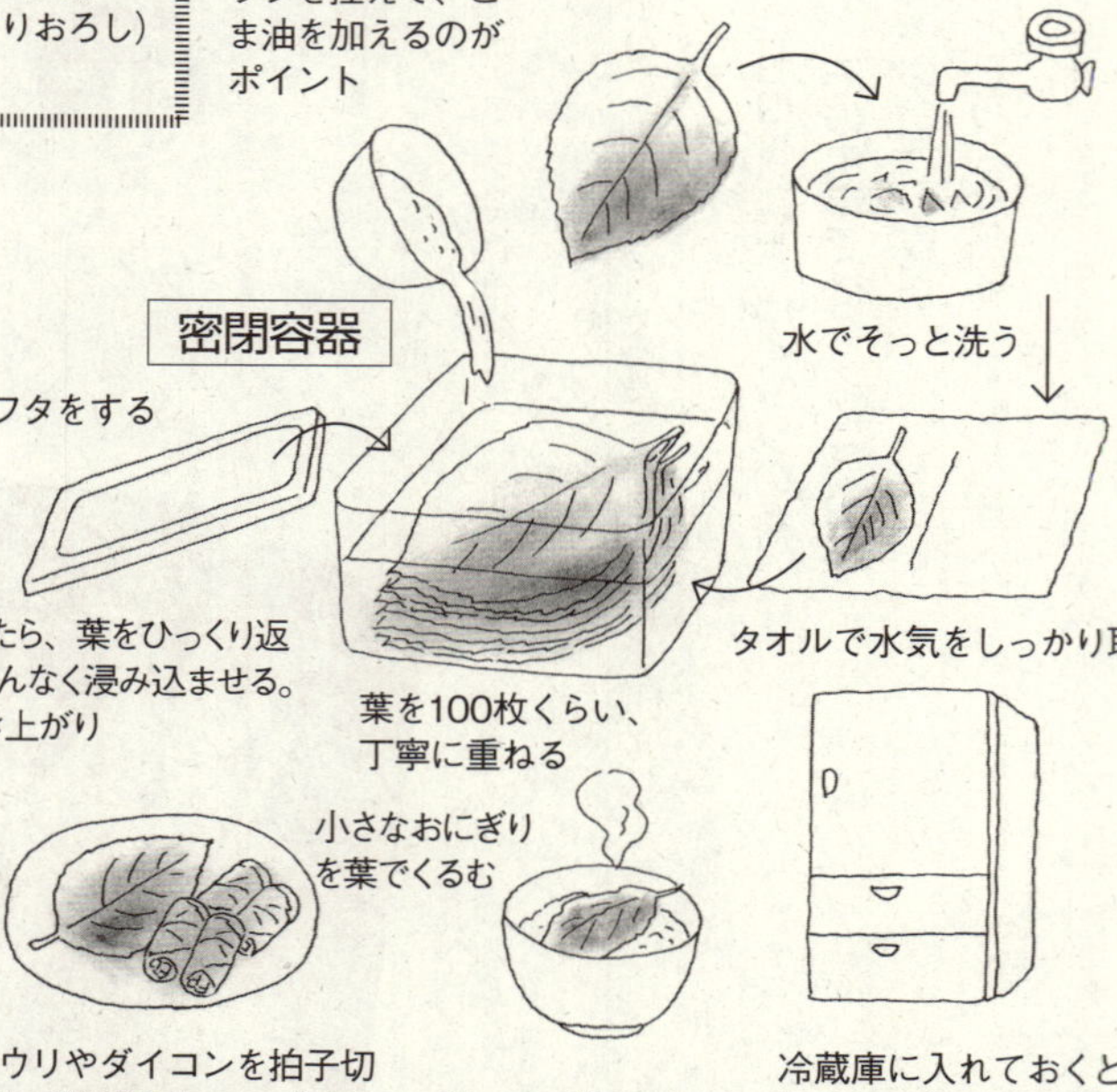

エゴマの葉
あまり大きくないもののほうがやわらかく食べやすい
ニンニク・トウガラシを控えて、ごま油を加えるのがポイント
水でそっと洗う
密閉容器
しっかりフタをする
タオルで水気をしっかり取る
翌日しんなりしたら、葉をひっくり返して味をまんべんなく浸み込ませる。3日くらいででき上がり
葉を100枚くらい、丁寧に重ねる
小さなおにぎりを葉でくるむ
キュウリやダイコンを拍子切りにして塩揉みし、エゴマの葉でくるんで食べる
熱々のご飯の上にのせて食べる
冷蔵庫に入れておくと3年くらい味がかわらない。調味液はドレッシングに

◇エゴマの葉の中華漬け

エゴマを数本植えておくと、食卓が芳ばしい香りに包まれていいですよ。ゴマよりも栽培が簡単で多収。寒冷地・ヤセ地でよく育ちます。種子は栄養に優れ、アレルギー解消にも有効とされ、注目されています。風味がよいので、味噌だれや和えものに欠かせません。

このエゴマ、葉も利用できます。シソ科なので色・かたちがシソに似ていますが、シソをもう少し芳ばしくしたような風味があります。それに、葉をかなり摘んでも、ちゃんと実が採れてしまう。魅力的な植物です。

エゴマの葉の中華漬け（K）

エゴマの葉のキムチは、好きな人にはたまらないらしいのですが、とても辛くてニンニク臭い。一ヵ月くらいで味もかわってしまうようです。もっと食べやすく、長く保存したいということで味付けを工夫しました。ご飯の上にのせると食欲がわいて夏バテ解消。そんなにニンニク臭くないので朝食に出しても好評。拍子切りにしたキュウリを包んで山盛りにして出すと、たちまち空っぽに。

エゴマのかわりにシソの葉でもおいしくできます。シソは秋になると抜いて捨ててしまう人も多いですが、今年はぜひ中華漬けに。シソは苦いので水にさらすのがふつうですが、この調味液に漬ければ生でおいしく食べられます。シソの香りにゴマの風味が重なって、ご飯がとてもおいしく食べられます。

◇エゴマギョウザ

エゴマの葉をギョウザの皮のように使います。具は何でもいいですが、オカラに野菜を混ぜたもの、豆腐とニラなどがあいます。葉の上に具を置き、半分に折り、小麦粉の水溶きをくぐらせ、少し多めの油で揚げ焼きします。好みのたれでいただきます。

エゴマの葉でギョウザのあんをくるみ、揚げ焼きする（K）

ミョウガ

ミョウガの甘酢漬け

私は小さい頃からミョウガが大好きで「年寄り好みのものを食べる変な子」と言われました。

お客さんと一緒に農園内を採りに行くと、「生えているのを見るのは初めて」と言う人がほとんど。そして、採りたての香りと旨味に感動。生のまま、手づくり味噌をつけてかじっていただいたりもします。

一般には薬味に少し使われるくらいですが、農家ではたくさん採れてしまう。そう一度に食べられないし、悪くなりやすい……。そこで、ミョウガの甘酢漬けはいかがでしょう？長く楽しむことができますよ。

以前は、ミョウガを湯通ししていましたが、時がたつと色が悪くなるのでやめ、いまは一度塩漬けし、水気をよくしぼって少しの梅酢で下漬けし、また水気をよくしぼってから梅酢か甘酢に漬けています。こうすると、カビないし色もよいです。

そのほか、天ぷら、煮物もおいしいです。刻んで袋に入れ冷凍しておくと薬味に少し使いたいときに便利です。

天ぷら　よく洗い、しっかり水分をふき取り、丸ごとか半分に切り、衣をつけて揚げます。甘味が増し、ほっこりとしておいしい。

卵とじ　半分に切り（大きいのは薄切り）、薄味で煮る。卵を軽く混ぜて流し込み、フタをして蒸らす。ナスや豆腐と組み合わせてもおいしい。丼物にしてもいける。

煮物　丸ごと使い、ナス・カボチャ・オクラなど旬の野菜と煮る。ショウガを少し入れたあんかけにしてもいい。盛りつけを美しく。

花も葉も使える

また、ミョウガには黄色いかわいい花がつきますね。ミョウガに似たやさしい香りがします。そっと洗い、盛りつけたお吸い物に二～三個浮かべると、水面を水鳥が泳いでいるようで優雅です。営利栽培のミョウガに花は禁物なので、農家でしか見ることはできませんが。

ミョウガの葉も風情があっていいものです。みずみずしく大きな葉っぱは、刺身こんにゃくの敷物にすると涼しそう。まんじゅう生地をのせて蒸すと葉の香りが漂ってきます。ミョウガ寿司は甘酢漬けのミョウガを刻んで酢飯に混ぜ、握り寿司をつくってごまをふり、ミョウガの葉でくるみます。香りもよく、防腐効果もあります。

ミョウガの甘酢漬け（K）

スギナ

◇嫌われ者の雑草、本当は役に立つ！

わが家ではスギナをよく使います。春先の五～七cmくらいのやわらかい若芽を佃煮に、一〇～一五cmくらいのは天ぷら、すっかり生長して大きくなったのはザクザクするので干してお茶やふりかけにしています。青のりのようないい香りがして好評です。そして夏場はグリーンジュースがきれいでおいしいですね。

スギナの薬効はさまざま知られています。サポニン、タンニン、葉緑素、鉄、亜鉛、銅、マグネシウム、ケイ酸カルシウムなどが豊富に含まれ、腎臓や泌尿器系の特効薬として有名です。ガンなどの難病や結石、アトピーによく効いたという報告もあります。農家には「畑のギャング」「地獄からの死者」などと呼ばれる嫌われ者ですが、使い方によってはとても役に立ってくれます。

◇スギナを干せば 色・香り・味が褪せない 「お茶」「ふりかけ」

お茶　干して軽く炒ったスギナを急須に大さじ一杯入れ、熱湯を注ぎ、五分くらい置いて飲みます。煮出すやり方もあるようですが、どちらも健康価値は劣らないようなので、好みの方法でいいと思います。それほどニオイもないので、ほかの薬草茶・麦茶・玄米茶・ハトムギ茶などとブレンドすると飲みやすく、体にもよいでしょう。さらにひと手間かけて、フライパンで軽く炒ると香ばしくなります。

ふりかけ　スギナを挽くと、抹茶のようにも使えますが、ふりかけが好評です。色もきれいで香りもいい。本にはよく、「塩を混ぜる」とだけ書いてありますが、これだと食べにくい。おいしく食べてこそ、喜びもあり、体にもいいと思います。私の配合で試してみてください。ご飯にふりかけたり、おにぎりにまぶしたりするとおいしくてきれいです。

ただし、一日に小さじ一杯くらいにしてください。何にでも言えることですが、体にいいからといってむさぼるように食べるのは逆効果。便秘気味になることがあります。

スギナクッキー　小麦粉一〇〇g、スギナ粉一〇g、砂糖二〇g、ナタ

スギナのふりかけ（上）。下左はスギナ（左は佃煮向き、右は天ぷら向き。これより大きなものを茶・粉に）。右は去年のスギナ茶（色・香りが衰えない）（O）

ネサラダ油三〇g、白ごま大さじ二、水七〇cc。

材料をよく混ぜて四～五mmくらいに薄く伸ばす。棒状に切り、一八〇℃の天火で二〇～二五分くらい焼く。ホロ苦く色がきれいで、あとを引くおいしさです。

薬酒　三五度の焼酎一・八ℓに干したスギナ二〇g、生のスギナ二〇〇gを入れ、冷暗所に三ヵ月置くだけ。疲労回復、体内の浄化、歯肉炎などに効きます。干したものは成分が凝縮され、生のものは新鮮なので、それぞれのいいところを抽出します。

スギナのふりかけ（K）

◇もちろん、生のスギナも使える！

佃煮　五～七cmくらいのを摘んでさっと茹でます。水気を切り、ごま油で炒め、砂糖・しょう油で味付けます。真っ黒になり、何の佃煮だかわからない。一日二～三本くらい食べるとよい。

天ぷら　きれいにおいしく揚げるには、採れたてのみずみずしいスギナを使います（しおれやすいので使うまで水に浸けておいてもよい）。

衣は南部地粉の中力粉を使っています。ふつうは薄力粉が常識ですが、中力粉のほうが水で薄く溶いても衣が飛び散らず、きれいにパリッと揚がります。衣は薄めに溶き、ゆらしながら油に入れるとよく開いて美しい。

油は国産のナタネ油。値段は少し高めですが、酸化しにくいので何度も使えるし、おいしくカラッと揚がり、お客さんに喜ばれるので十分に採算が取れます。サラダ油や天ぷら油はパリッと揚がったようでも、じきにしんなりします。ごま油は香りが強すぎて野草にはあいません。

グリーンジュース　生のスギナをよく洗い、二cmくらいに切ります。ミキサーに入れ、水をスギナの倍くらい入れ、三〇秒くらい回転。布巾でしぼると鮮やかなグリーンジュースができます。ハチミツか砂糖、それと塩を少し入れ、よく混ぜてでき上がり。解熱に効果があります。スギナと薬効が似ているユキノシタを少し加えてもいいでしょう。また、寒天で固めてもきれいです。夏にシソジュースのピンクのゼリーと盛り合わせると喜ばれます。

色・香り・味・効能を落とさない スギナのお茶・ふりかけのつくり方

①丁寧に摘む

面倒でも手で1本ずつ。ゴミ・雑草を除きながら、元気そうなものを選ぶ

天気予報で3〜4日晴天が続きそうな日を選ぶ

4月下旬〜5月が一気に出揃って採りやすい。採るのは植物の生命力が満ちている朝8〜10時の朝露が少し残っているとき（その日のうちに半ば乾かすため）

②半日、天日で干してから陰干し

いきなり陰干しすると、なかなか乾かず、カビ・変質の原因になる

さっと洗い、大きめのザルに重ならないよう並べ、風で飛ばされないよう、目の届くところで干す。干しすぎると色が落ちるので注意

そのあと、ポキンと折れるようになるまで、4〜5日陰干し。雨にあてたり、夜取り込み忘れると二度と緑色に戻らないので注意。扇風機やコタツなどを補助的に使ってもよい。10分の1くらいの重さになる

干し終わったスギナ（O）

ホットプレートかフライパンでごく弱火でカリッとするまで火を通すと香ばしくなり、カビもこない

③空気を抜いて暗所で保存

空気にふれると湿気てカビたり変質する。光にあたると葉緑素がこわれたりして色が落ち、効能も落ちる

よく乾いていないとカビ・変質の原因になる

2〜3cmに切って50gくらいずつ、小分けしてビニール袋に詰める。ギュッと空気を押し出して口をしっかり縛る

もう1袋でカバーし、10袋くらいずつ黒いビニール袋に入れる

大きな黒いビニール袋

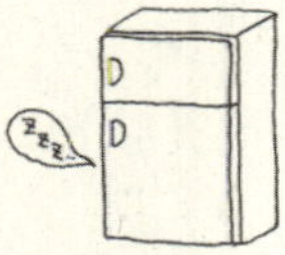

暗所で保存。色・味・香りが1年間はもつ。粉にしてびんに詰めておくと場所もとらず、色・味もかわらない

④おいしく使おう

ふりかけはちょっとひと工夫。主役は白いいりごま。好みでゆかり、エゴマなどを加えてもOK

そのまま炒ってお茶でどうぞ！（O）

ミルサーに5gずつ1分間かける。抹茶としても使える

スギナ粉10g（O）

炒って細かくすっておく

白いいりごま50g

（すりつぶしたもの40gとすりつぶさないもの10g）

よく混ぜたらでき上がり！保存は小分けして冷蔵庫に

ハーブソルト

ハーブや野菜を干して自家製ハーブソルトをつくろう。

ニンジン葉、セロリ葉、サンショウ、タマネギ、トマト、バジル、シソの葉、ミカンの皮などいろいろ干して粉にし、塩と市販のスパイスを混ぜれば、とてもおいしくて便利なハーブソルトになる。

ハーブソルト（K）

○干し方

◎ニンジン葉、セロリ葉、ミツバ、セリなどは細かく刻みザルに広げ、天日に干す。四～五日でカラカラになる。ホットプレートの「保温」か、ごく弱火のフライパンに紙（米袋、包み紙など）を敷いて焦げないように加熱すると、パリパリして粉にしやすい。

◎バジル、シソ、ミントなどのシソ科はお日様にあてると色が黒くなって味も香りも悪くなるので陰干しにすること。トレイに入れて冷蔵庫の上段に置いておくと、一週間くらいでカラカラになり手で揉むだけで粉々に。

◎サンショウは枝から葉をはずし、ザルに入れて陽に干すと二日くらいでカラカラに。軸は硬いので、葉だけ手でしごく。軽く火を通し粉にする。

◎ネギ類についてはニンニクはごく薄く切り、ネギは小口切りにしてザルで干せば、よく乾いてくれる。タマネギは水分が多いので難しい。ごく薄く切り、重ならないようにザルに干す。晴天続きでも一週間くらい干さないとカラカラになりにくい。

天気が悪くなるとカビるので、冷蔵庫に入れるか電子レンジにかけるか、ホットプレートで加熱する。

私は小さな野菜乾燥機を持っており、乾きにくいものには使用してい

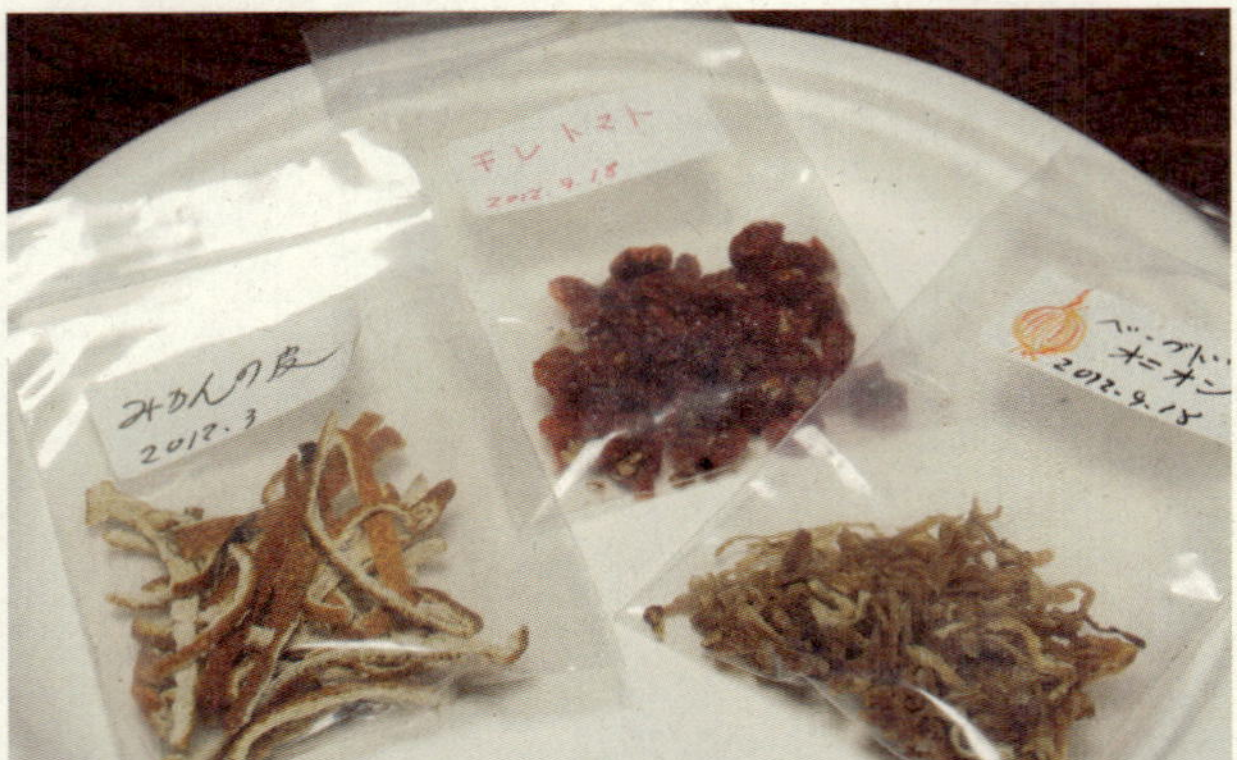

ハーブソルト乾燥3種
左からミカンの皮、干しミニトマト、ベークドオニオン（K）

ハーブソルトの材料
いろいろ（K）

る。最後に香りよく炒り、ミルで粉にする。タマネギはとても香ばしく甘い、ハーブソルトの主役である。

◎トマトではチェリートマトという野生のようなミニトマトを使っている。ミニ系がよい。上下に半分に切り、切り口を上に向けて、金属のトレイの上にぎっしりと並べて干す。乾きにくいので金属の吸収熱にも助けてもらう。一週間くらいはかかるが、完全には乾きにくいので、最後はトレイごと冷蔵庫の上段に入れておくとカラカラになる。軽く炒ってミルで粉にする。色も美しく味もグルタミン酸の結晶のような旨味がある。粉にせず、オイルや酢に漬けておいてもスパゲティーやサラダなどに使えて便利である。

◎キノコ類では、舞茸を細かく裂いてザルに並べてよく乾かし、軽く炒って粉にする。舐めてみるとまるでうま味調味料。よい旨味になってくれる。

◎そのほか、ごま、エゴマ、きな粉、ゆかり、ゆず粉、桜の花など季節限定の粉も入れる。また黒コショウ、カルダモン、クミン、キャラウェイ、シナモンなど野山で手に入りにくいものは購入する。

塩は、岩塩か地中海産の天日塩などを使っている。ごくふつうの塩でもよい。塩と乾燥ハーブの割合は、同量か少し塩が多いくらいに。

○使い方

サラダやスープ、スパゲティー、炒めものなどに少量かける。豆腐にかけてもおいしい。

ビワの葉エキス

切り傷、虫さされ、湿布薬にも

ビワの葉を焼酎に漬け込んだ濃い茶色のエキスです。アミグダリンほかの成分が虫さされ、あせも、吹き出物、アトピー性皮膚炎などにとてもよく効きます。畑や野山にも必ず持って行き、手を切ったときの消毒や、虫にさされたときすぐに塗っておくと大事に至らず済みます。

湿布として使えば腱鞘炎、腰痛、ひざの痛み、乳腺炎、のどのはれなどによく効き、何度助けられたかわかりません。飲むこともでき、口内炎、歯肉炎、のどの痛みによく使います。じんましん、ひざの痛みには、外から塗るのと内服で効果が高まります。飲むときは二～三倍に薄めます。

こんなに使える！ わが家常備の手づくり「ビワの葉エキス」

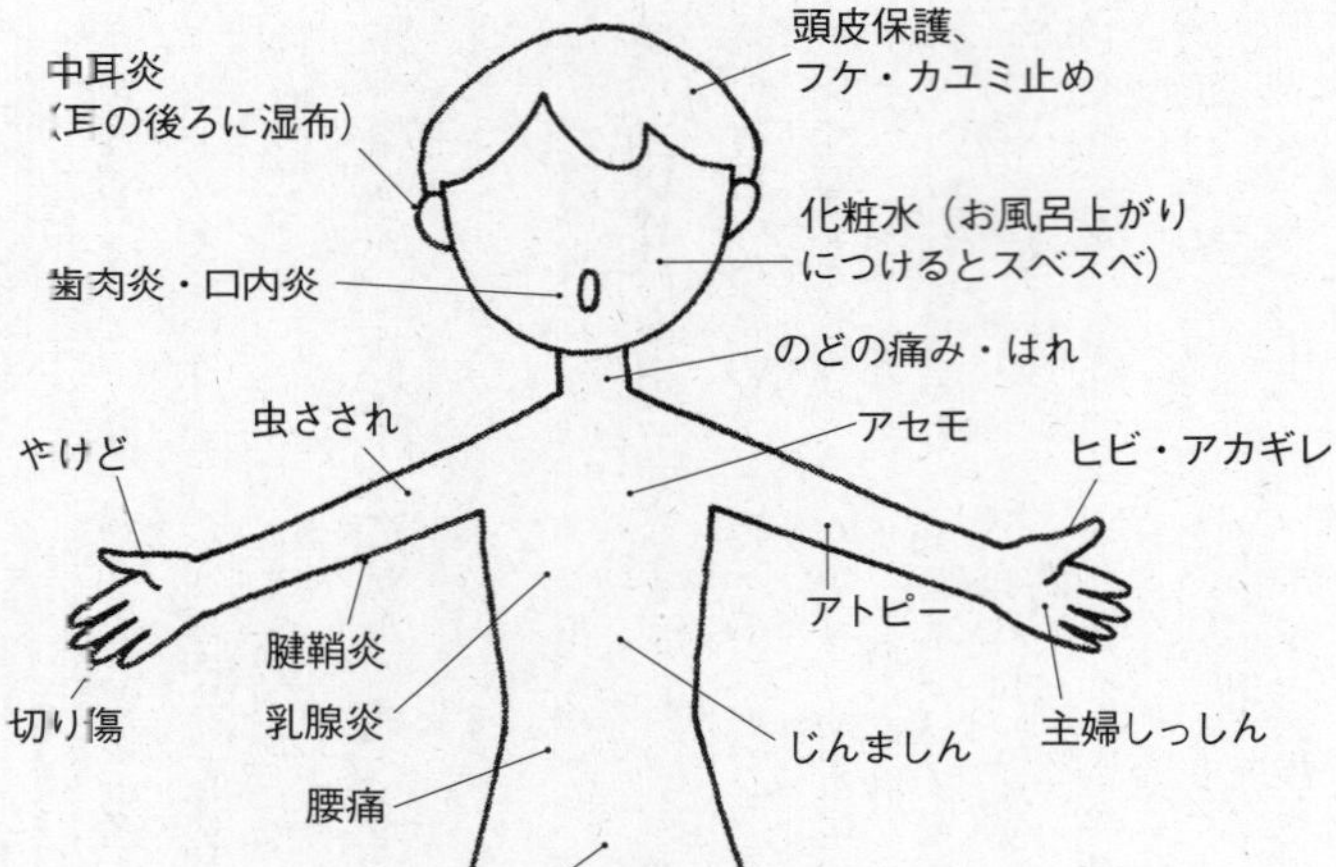
頭皮保護、
フケ・カユミ止め
中耳炎
（耳の後ろに湿布）
化粧水（お風呂上がり
につけるとスベスベ）
歯肉炎・口内炎
のどの痛み・はれ
虫さされ
やけど
アセモ
ヒビ・アカギレ
アトピー
腱鞘炎
切り傷
乳腺炎
じんましん
主婦しっしん
腰痛
膀胱炎
打ち身
くじき
ひざの痛み
水虫
爪をはがしたとき

化粧品の空きびん
などに入れておくと、
チョンチョンと数滴
ずつ使えて便利

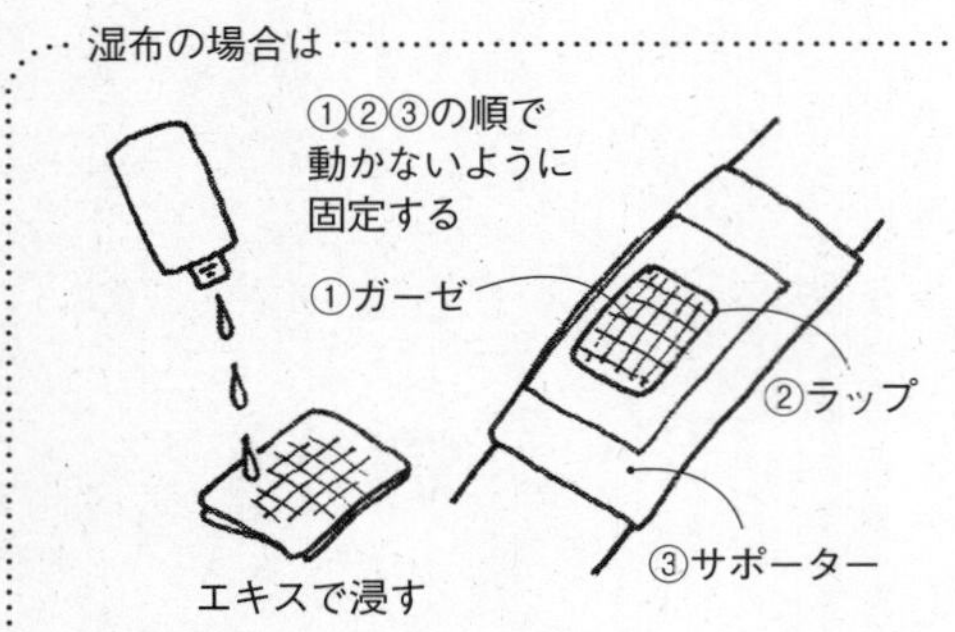
湿布の場合は
①②③の順で
動かないように
固定する
①ガーゼ
②ラップ
③サポーター
エキスで浸す
長時間貼るとかぶれることがあるので注意！

効き目バツグン！　ビワの葉エキスのつくり方

①ビワの葉を採る

11 ～ 2月頃の葉に有効
成分アミグダリンが多い

なるべく、厚くて
ゴワゴワした
古い葉をたくさん採る

②丁寧に水洗い

葉は1枚ずつ、まな板の上に置き、水を少しずつ流しながら、両面をきれいにする。大きなザルでひと晩、水気を切る

③天日干し～

平らなかごに広げ、
1日天日と風で乾かす

裁断

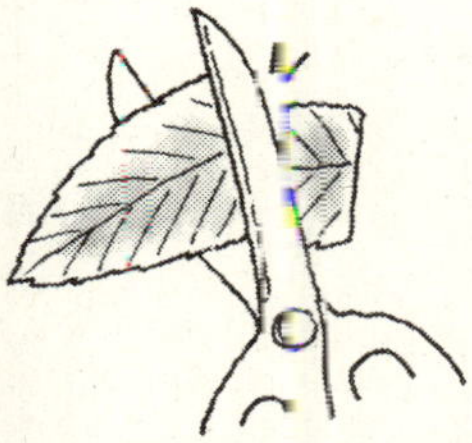

ハサミで2cmくらいに切る

④焼酎で漬け込み

ビワの葉をたっぷり使うのがコツ。色の濃い、効果の高いエキスになる

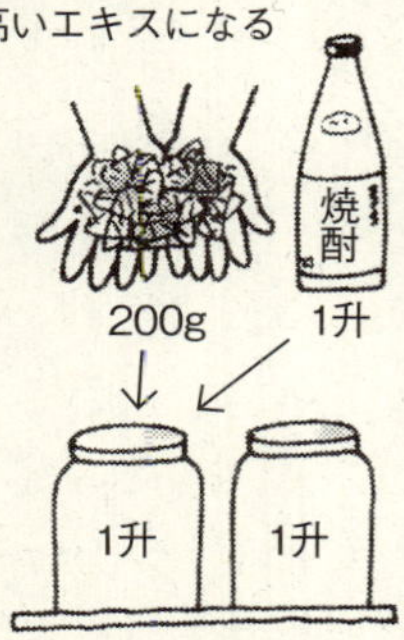

フタをして冷暗所に置き、4ヵ月くらいで使える。何年でも保存可能

家中で1日に10㎖使うとして3,600㎖（2升）くらい漬けておくと安心

ビワの葉エキスづくり（K）

エキスを使い切って残った葉は布袋に入れ、薬草風呂に。お肌ツルツルのいい湯になる

◎タネも使える！

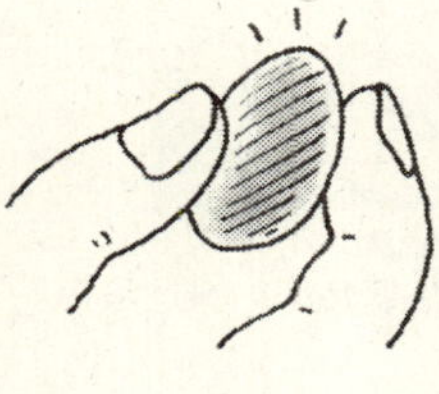

有効成分アミグダリンが葉の3,000倍含まれているという説もある。葉のエキスで治らない頑固なカユミ、虫さされ、ダニの害などに卓効がある。強力で、少しビリッとした使用感

6月、ビワの実を食べたらタネをとっておき、さっと洗ってよく干し、びんに1/3入れ、3倍量の焼酎を。葉のように漬け液が茶色にはならない

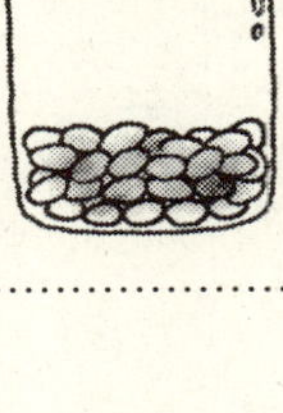

卵黄油

昔から重宝されてきた民間伝承薬

卵黄油《らんおうゆ》とは、卵の黄身だけを集めて長時間炒り、黒く焦がすと、にじみ出てくる真っ黒な油です。スルメを焦がしたような臭いニオイで、苦くてマズイものですが、昔から民間伝承薬として重宝されてきました。

本来は痔と心臓に効果があるといわれてきましたが、やけど、切り傷、ひび、しもやけ、とびひ、アトピーなどにもよく効きます。飲んでもよく、血行をよくするので、肩こりや更年期障害、冷え性、低血圧などによいようです。粘膜を保護、回復する力が強いので、口のなかのトラブルには私も何度も助けられました。

直売所などで五〇ccくらいの容器に入って売られているのを見ますが、一びん一五〇〇～二〇〇〇円もします。でも、卵一個から五ccの油が出るので破卵や二級品でつくれば原価は一〇〇円以下。自分でつくっ

卵黄油づくりの材料・道具・注意点

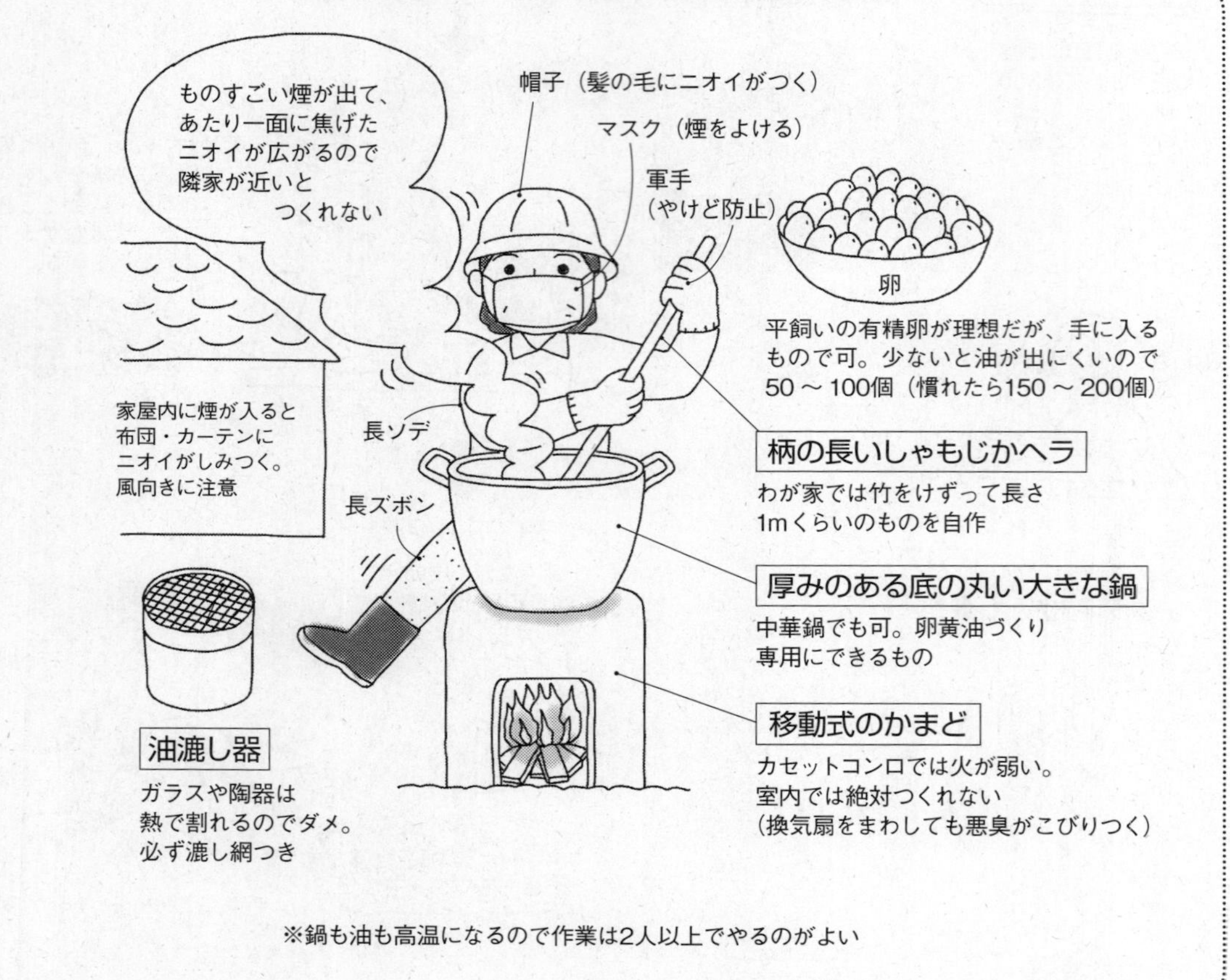

ものすごい煙が出て、あたり一面に焦げたニオイが広がるので隣家が近いとつくれない
帽子（髪の毛にニオイがつく）
マスク（煙をよける）
軍手（やけど防止）
卵
平飼いの有精卵が理想だが、手に入るもので可。少ないと油が出にくいので50～100個（慣れたら150～200個）
家屋内に煙が入ると布団・カーテンにニオイがしみつく。風向きに注意
長ソデ
長ズボン
柄の長いしゃもじかヘラ
わが家では竹をけずって長さ1mくらいのものを自作
厚みのある底の丸い大きな鍋
中華鍋でも可。卵黄油づくり専用にできるもの
移動式のかまど
カセットコンロでは火が弱い。室内では絶対つくれない（換気扇をまわしても悪臭がこびりつく）
油漉し器
ガラスや陶器は熱で割れるのでダメ。必ず漉し網つき

※鍋も油も高温になるので作業は2人以上でやるのがよい

早い できもいい 卵黄油のつくり方

焦がさないよう慎重になるあまり、弱火でダラダラつくらないこと。短時間でつくったほうが品質・歩留まりがいい。量によりますが、でき上がりまで2時間くらい

①卵黄を熱しながらかき混ぜる

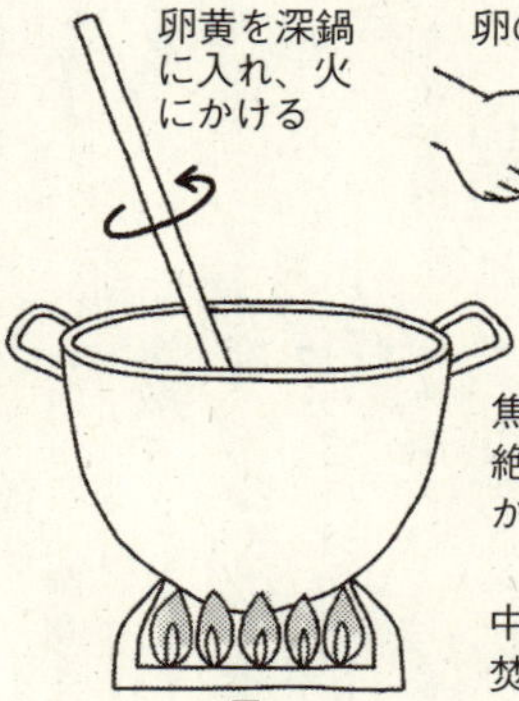

卵黄を深鍋に入れ、火にかける

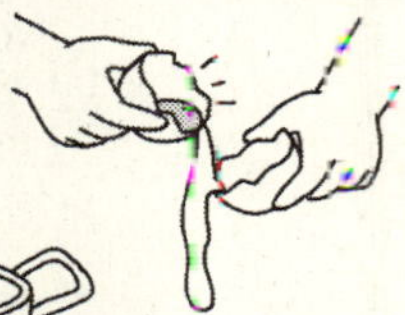

卵の黄身と白身を分ける

焦がさないよう、絶えず鍋底からかき混ぜる

中火より強めの火で焚き続ける

②油が浸み出るまでガマン

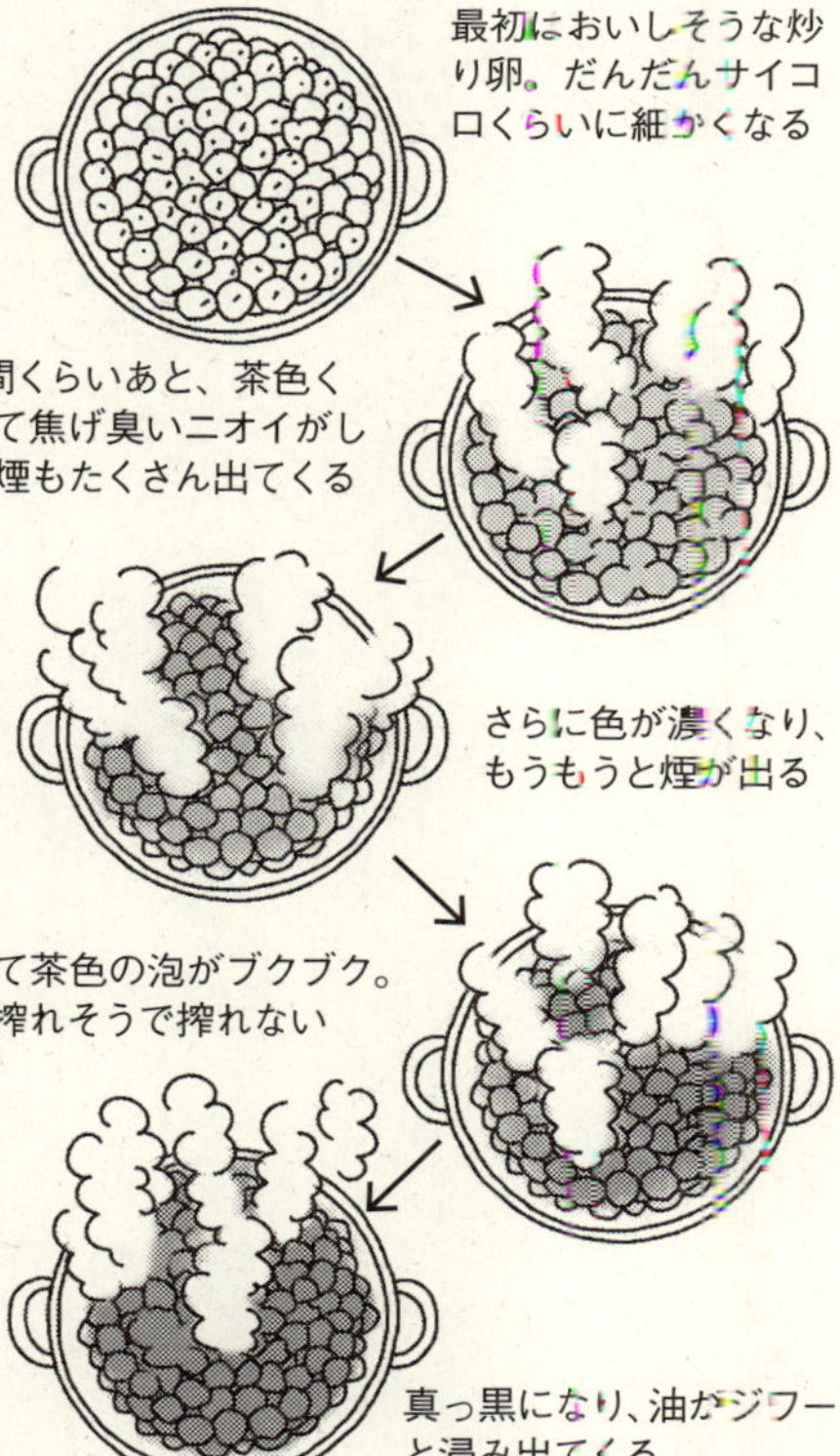

最初においしそうな炒り卵。だんだんサイコロくらいに細かくなる

1時間くらいあと、茶色くなって焦げ臭いニオイがして、煙もたくさん出てくる

さらに色が濃くなり、もうもうと煙が出る

やがて茶色の泡がブクブク。まだ搾れそうで搾れない

真っ黒になり、油がジワーッと浸み出てくる

※根気よくかき混ぜ続けること

③煮えたぎった油を漉し採る

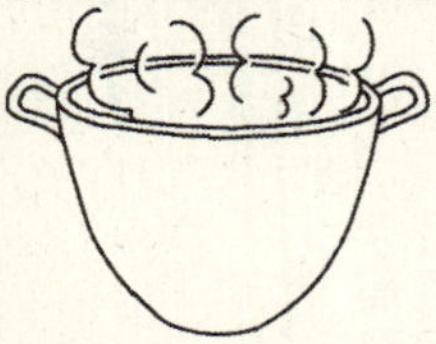

30cmくらいの短い竹ベラで、鍋を傾けながら焦げてタールのようになった卵黄を片側に押しつける。油を反対側にためる

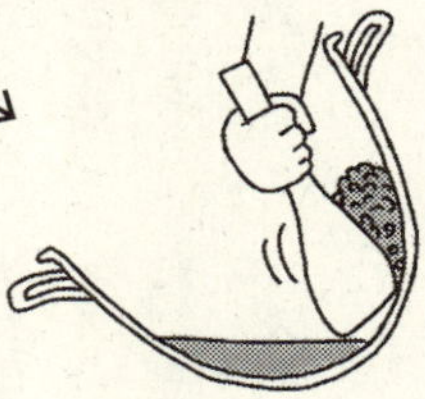

大変な高温なので、注意を払いながら、静かにかまどからおろす。煙がどんどん出る

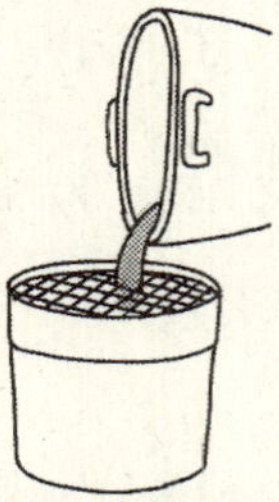

鍋を傾けて、油漉しのなかに油を移す。大量にある場合はお玉じゃくしですくったほうがよい。やけどに注意

もう一度、残ったものを火にかけると2回目が採れる。苦味が強く、品質も劣るようなので別容器（自家用）に

④びんに移し、後片づけ

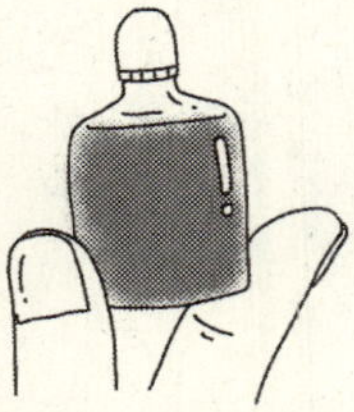

十分に冷めたら小さな容器に移し、冷蔵庫に保存。1年以内に使ったほうがよい。販売は点鼻容器が便利（容器は100個3,000円で専門店にあり）。自家用なら空きびんでよい

しぼりカスは放っておくと固まって取りにくくなるので、手早く新聞紙の上などに取り出す。砕いて畑の肥料に

鍋には水を入れ、残り火にかけ、焦げつきをふやかす。しばらく放置し、ヒマなときにひたすら磨く

この鍋を次に使えるようにするのが大変。ここまでやると、卵黄油がなぜ高価なのか納得

てみましょう。

ごく少量を患部に塗る、体調不良時に飲む

使い方はまず「塗る」。ごく少量を患部に塗り込みます。よく伸び、しみ込みやすい。かかとの荒れには多めに塗り、大きめのラップでカバーをして、靴下をはいて寝るとよい。パックリ割れた痛いところには、どんな軟膏よりもよく効きます。

軽いやけどのときは冷水で冷やしたあと、ビワの葉エキス（114〜115ページ参照）を塗り、卵黄油を塗ると、ヒリヒリもせず、水疱もできず治ってしまう。とても臭いので、人に会わないときに塗ったほうがいいでしょう。衣服につくと色とニオイが取れないので注意。

そして「飲む」。大変臭いので、そのままで飲みにくい場合は、薬局でカプセルを買って、スポイトで詰めて飲む（私はそのままでも平気なので、容器からチューと飲んでしまう）。朝、起きにくいとき、肩の凝るとき、胃の痛むときなどに効果があります。子供に使っても大丈夫なので、セキやのどの痛みにはそのまま飲み込ませる。

ただし、大変効き目が強いので飲み（舐め）すぎないように。一日にアズキ大二粒分くらいがいいようです。体質によってはあわないことがあるので、常用は少量で試してからにしましょう。

体を癒す知恵もお客さんに伝えたい

西村自然農園では、お客様が野山を散策したり、畑で野菜を収穫したり、刃物や火、水を使って料理したりしていると、虫さされ、擦り傷、切り傷、やけどを負ってしまうことがあります。そんなとき、ヨモギやスギナ、ドクダミを採んでつけたり、ビワの葉エキス、卵黄油を塗って応急手当てをします。気分の悪い人、カゼ気味の人には梅肉エキスや梅干し番茶を飲んで休んでもらいます。仕事の進行は遅れますが、一生懸命手当てすると、ビックリするほど早く回復します。

野菜の収穫や豆腐・こんにゃくづくりばかりが農村体験ではありません。自然の力を借りて体を元気にすることも伝えていきたいと思っています。

第四章 食べる＋農のアートで、おしゃれなおみやげ

農家の屋敷まわりはアート材料の宝庫だ。農家は米や野菜をつくるだけでなく、生活道具も手づくりしてきた歴史がある。私もさまざまなものを手づくりするが、材料は近くの〝野山デパート〟からの仕入れ。このデパートは時期に見合った手入れをして、少しずつ仕入れていれば無料で必要なものを提供してくれるありがたい、かけがえのない存在。

この章ではそんな季節の恵みを活かす農のアートの楽しみを紹介します。

蔓のかご、麦わらのホタルかご、渋皮煮の茹で汁染め（KM）

春

梅の箸づくり

冬に剪定した真っ直ぐな枝を使い、ご飯用の箸や菜箸をつくる。とても使いやすくて、使い込むほどにツヤと愛着の出てくる箸です。

ナイフを持つのは初めてと言う子も多いが、ちゃんと指導すれば小学校一年生くらいの子でも上手につくることができる。一泊二日のセカンドスクール事業のときは最初に箸づくりをして四回の食事に使って、家へ持って帰れる。

①剪定バサミで梅の枝を、食事用の箸の長さに切っておく。子供用一五～一七cm、大人用二〇～二二cm。ちなみに菜箸は二五～三〇cm。

②太さがバラバラなので、同じ太さの枝を二本選んでもらう。

③皮をむきたいところを決め、ナイフで筋をつける。

④先を板の上にしっかり置いて、ナイフで皮を削っていく。先端はあまり尖らせなくてもよいが、ナイフの角度をかえると深く削れることも発見してもらう。

⑤上の部分もおしゃれに個性的に少し削ってもらう。

⑥ワンセットを輪ゴムでとめ、よく洗いザルで乾かしておく。

梅の剪定枝でつくった箸と、麦わらのホタルかご（K）

夏

麦わらのホタルかご

私が子供の頃（五〇年以上も昔）は、どの家も大麦、小麦をつくっていた。当然出る麦わらは畑でカボチャやキュウリの敷ワラにされたり、牛舎に放り込まれたりしていた。

子供は適当な太さの茎を選んでシャボン玉を吹いたり、ジュースを飲んだりした。本当のストローだった。

そして必ずつくったのがホタルかご。おじいさんに教えてもらったように思う。大麦の茎のほうが太く

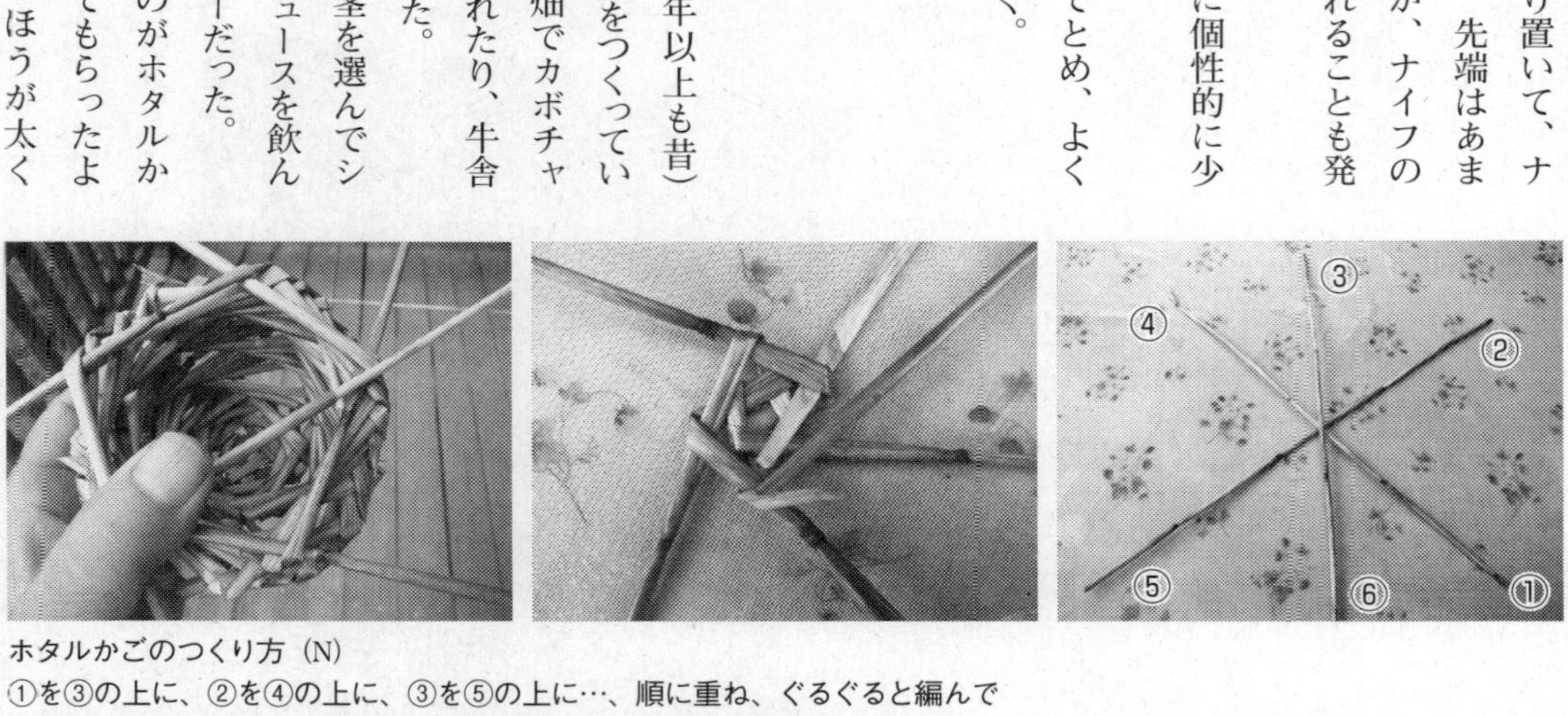

ホタルかごのつくり方（N）
①を③の上に、②を④の上に、③を⑤の上に…、順に重ね、ぐるぐると編んでいく（右、中）。6cmくらいの高さになったら（左）、今度は内側に重ねていく

て、色ツヤがよく、しなやかである。

①なるべく節が入らないようにして同じような太さの茎をひとつかみくらい揃える。ハカマを取る。少し湿らせておくとしなやかになる。

②三本を重ね、

①を③の上に重ねる。

②を④の上に重ねる。

③を⑤の上に重ねる。

④を⑥の上に重ねる。

⑤を①の上に重ねる。

⑥を②の上に重ねる。

のように、少しずつ外に広がるようにワラを重ねて、ぐるぐると編んでいく。

③六cmくらいの高さになったら口が狭くなるよう、麦わらを少しずつ内側に重ねていく。

④口径が三cmくらいに狭まったら、残った麦わらを束ねて持ち手にする。

⑤なかに少し草を入れておいて、つかまえたホタルを入れる。

花びんやランプシェード、インテリアとしても使える。

秋

草木染め

八月の末になるとツユクサのブルーの花、ハギやイヌタデ、クズのピンク、月見草の黄色などが野山のあちこちに見られ、秋の近づきを感じる。栗もコロコロ落ちてくる。食欲の秋なのだが、何かつくってみたくなる芸術の秋でもある。

（栗の渋皮煮の茹で汁を使って）

①栗の渋を抜くのに重曹を使って茹で、ひと晩置くと濃い臙脂色《えんじいろ》になる。テトロンの風呂敷などで漉して、筋やゴミを取り除く。

②シルクのスカーフを六〇℃の湯で湯通しして軽くしぼっておく。

③茹で汁を六〇℃くらいに温め、スカーフを入れ菜箸でよく動かしながら一〇分ほど浸す。

④水でよくすすいで陰干しにする。媒染しなくても美しいピンクに染まる。

（生藍を使って）

①藍の葉を一〇〇g量っておく。ミキサーに冷水五〇〇ccを入れ、葉を三、四回に分けて入れドロドロにする。

②ボウルにザルを置き、蒸し物用の布巾をのせ①をあけ、ゴム手袋をしてしっかりしぼる。

③湯通しした布を液のなかで動かしながら五〜一〇分染める。

④たっぷりの水で手早く洗う。広げて日光にあたるように干すとよく発色する。

＊シルクのスカーフ二〜三枚分

栗の渋皮煮の茹で汁染め（KM）

（両方を使って）

　栗でピンクに染めたあと、藍の液に浸すとグリーンになる。

　そのほか、かごづくり、パッチを使った押し花と落ち葉のしおりづくりや、牛乳パックハガキにツユクサ、イヌタデ、藍の葉などの色素を移す叩き染めなど。

冬

竹の箸置き

　お客さまの少ない冬はふだんなかなかできない裏山や竹林の手入れの時期でもある。竹の枝を使って手軽につくれる箸置きは、ずっと農園の食卓の大事な役目を果たしてくれている。

　自然のカーブで箸が転がらず、幅も高さもちょうどよい。洗って乾かせば何年でも使える。
①竹の枝をナタを使ってきれいに取る。これが難しい。下のほうの節間が五～八cmのものしか使えないので、一本の竹から二～三個しか取れない。
②七輪に炭火をおこして金網をのせ、切った竹を焦がさぬよう弱火で、油がにじみ出るまで焼く。この作業をしておかないとカビが生えたり、虫がついたりする。熱で竹が変化していく様子を見てもらうのもいい。
③手でふれられるまで冷めたら、ボロ布でツヤの出るまで磨く。
　竹かごを編むとなると技術も時間もいるが、箸置きは誰でもつくれてお金もかからず、竹切りボランティアの記念にもなり、日常で使って山を思い出してもらえるので、いい一品だと思う。

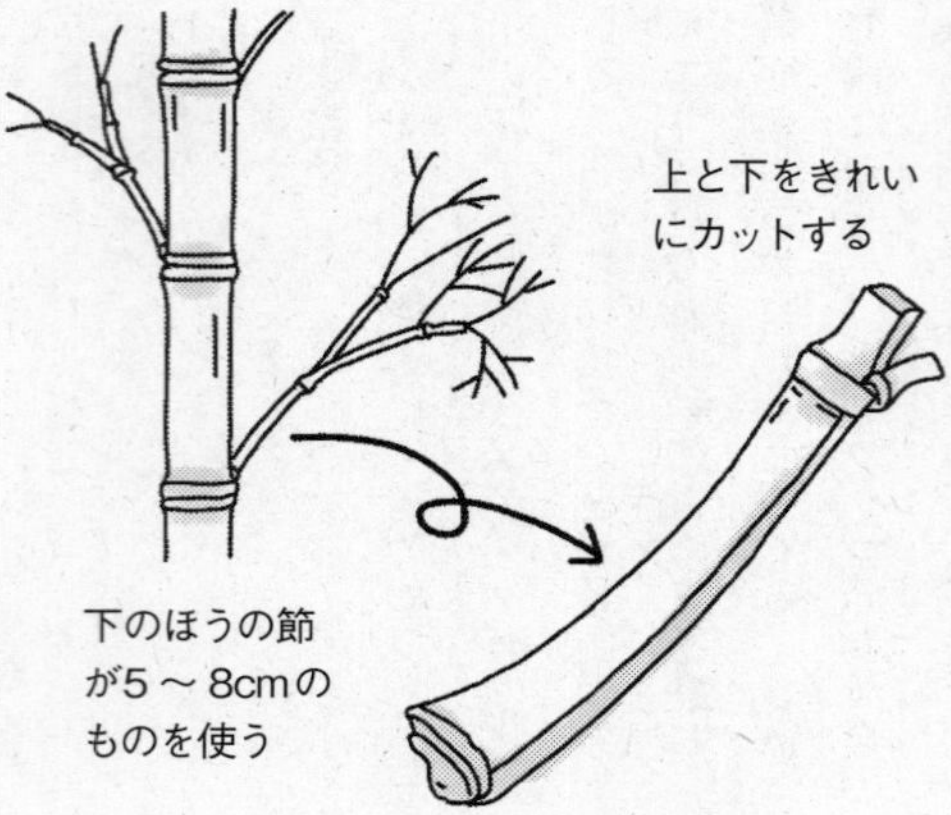
上と下をきれいにカットする
下のほうの節が5～8cmのものを使う

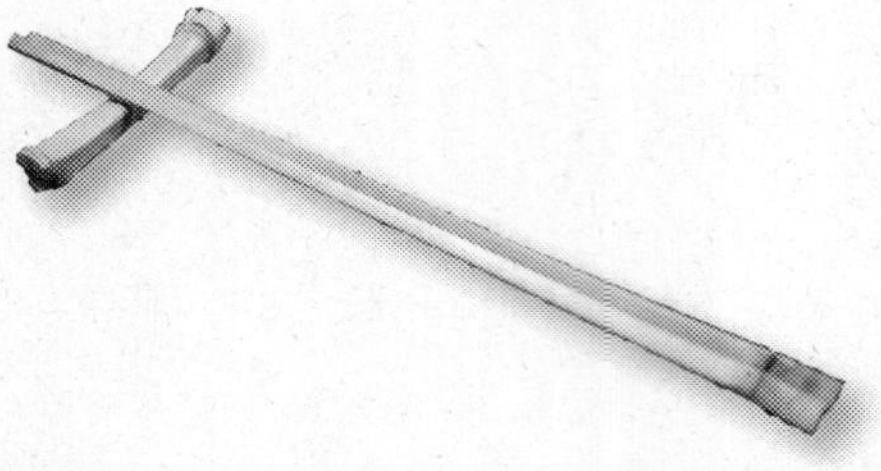
竹の箸置き（KM）

◇タケノコには食べる以外の楽しみも

　伸びすぎたものをバサッと切って皮をむきます。小さな子が竹を切るのは大変ですが、竹が若いうちなら、包丁で簡単に切れるので、いろいろな器をつくります。コップや皿、小鉢など、思い思いにつくってもらいます。竹コップで水を飲むと、少し竹の味がする。和えものを盛って出せば笑みがこぼれる。浅く切った皿にはデザートが入れられる。二〜三日しかもたないけれど、持ち帰る子もいる。

梅干しの好きな子には、竹の皮に梅干しを入れ、三角に包んでチューチューとするものをつくってもらう。竹皮のさわやかな香りと梅干しの酸味が混じりあって口に広がる昔の子のおしゃぶり。おばさんの小さい頃にはね……なんて話しながらつくる。真竹の皮をちょっと細工して、かわいい傘をつくって手に持たせてあげると目をまん丸にして驚く。

竹がズンズン伸びる頃、ハラハラと落ちてきた真竹や破竹の皮は、よく干してとっておく。おこわを包んだり、竹皮羊かんをつくったり、お客さんのおみやげにおにぎりをくるんだり、細く裂いて物を縛ったりと重宝です。

いま、手入れされていない山を竹がどんどん侵食し、竹ヤブになってしまうところが多いと聞きます。自然素材としての竹やタケノコが見直されることを願っています。

◇お客さんを喜ばせる葉っぱの使い方

家のまわりをグルッと見渡してみると、じつにたくさんの種類の植物に囲まれていることに、あらためて感動します。マツ、スギ、ヒノキ、カシワ、ツバキ、梅、モモ、栗……。軽く一〇〇種類くらいはありそうです。

私の家には都会から、自然の暮らしや農業を体験するために年間を通じてたくさんの方が訪れます。みんなで野草や野菜を収穫し、一緒に調理して仲よく食べます。そこでビックリされるのが私の葉っぱ使い。収穫・調理・盛りつけ・おみやげなどにさりげなく、その辺りにある葉っぱをちょっとつまんで、さまざまに利用します。

一年中、絶えることなく、無料・無公害のラップやクッキングシート、を提供してくれる自然の恵みに感謝

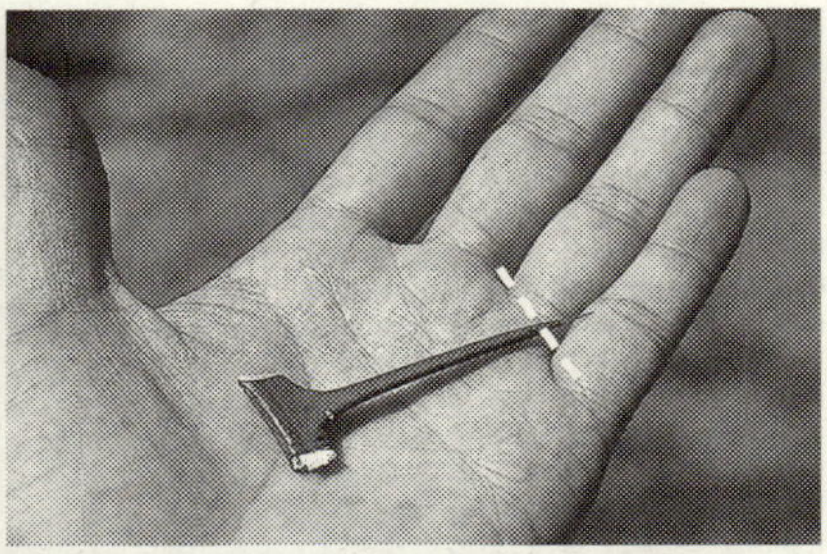

葉っぱじゃないけど、カラタチの枝は優れもの
点線で切って「つまようじ」に。危ないので先端も切る（右上）
そのまま置いて「鳥獣避け」に。鋭いトゲが寄せつけない（右下）（H）

ちょっと素敵な簡単手技

青竹で遊び、いただく

いいじまみつる

「旬の野草をおいしく、しかも楽しくいただく」が西村自然農園のモットー。青竹の器が料理の味をグッと引きたつ竹の恵みいっぱいの食卓を紹介していただきました。

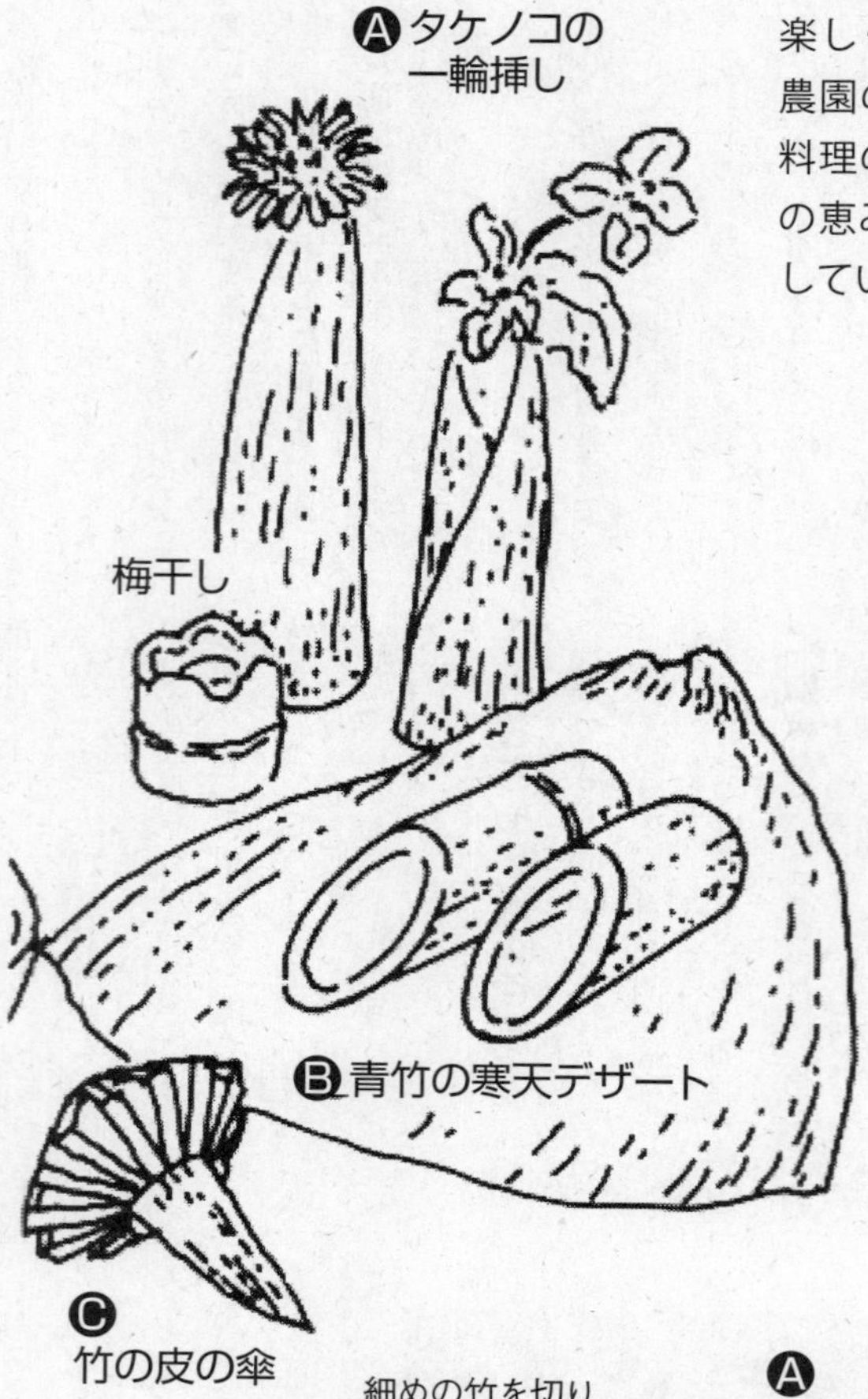
Aタケノコの一輪挿し
梅干し
B青竹の寒天デザート
C竹の皮の傘

根が張った竹の端から生えた若竹は、やわらかく、包丁でサクサクと切れるほど。料理をしながらその場でぱっぱと器ができます

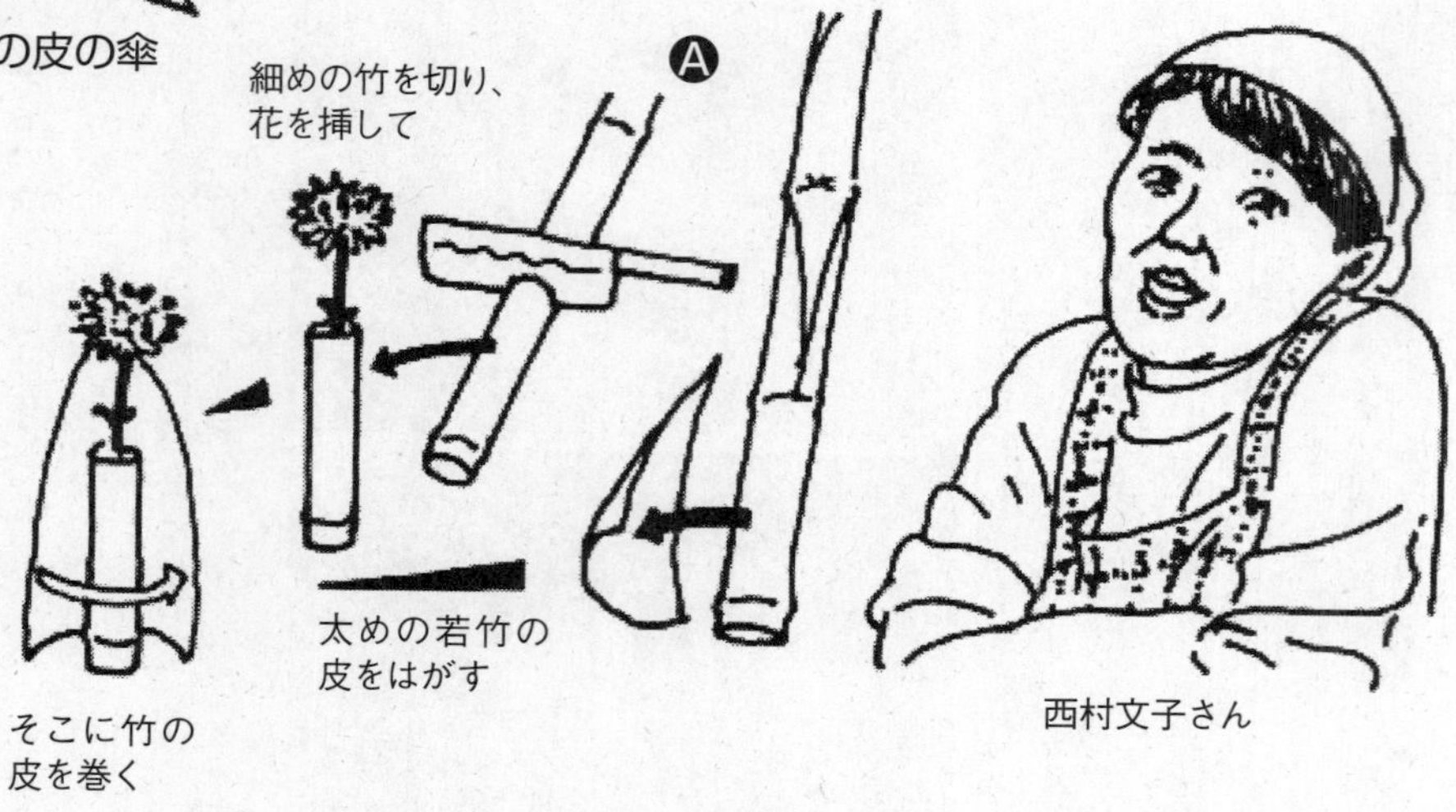
A
細めの竹を切り、花を挿して
太めの若竹の皮をはがす
そこに竹の皮を巻く

西村文子さん

（『現代農業』2005年7月号より）

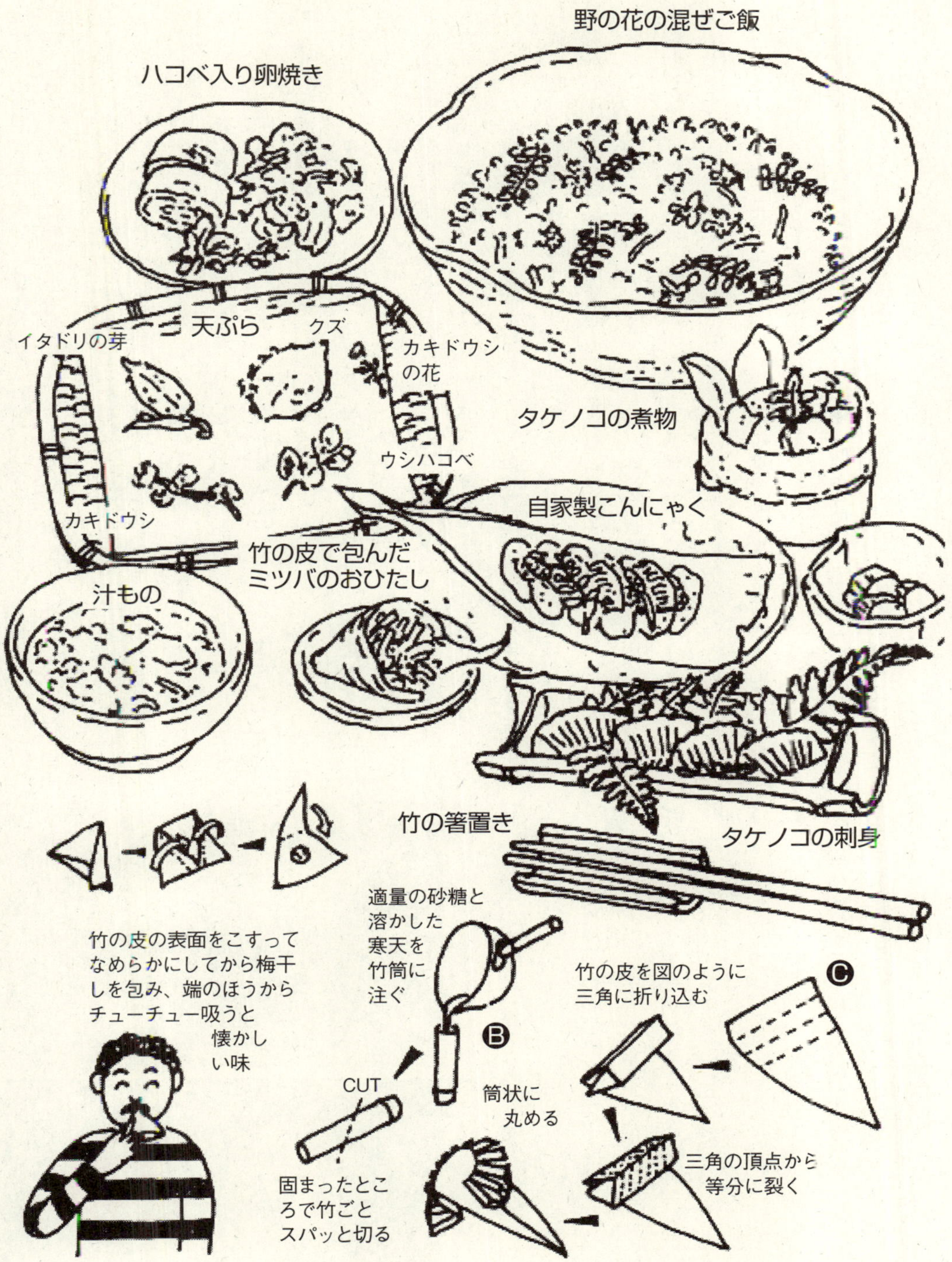
野の花の混ぜご飯
ハコベ入り卵焼き
天ぷら
イタドリの芽
クズ
カキドウシの花
タケノコの煮物
ウシハコベ
カキドウシ
自家製こんにゃく
竹の皮で包んだ
ミツバのおひたし
汁もの
竹の箸置き
タケノコの刺身
適量の砂糖と
溶かした
寒天を
竹筒に
注ぐ
竹の皮の表面をこすって
なめらかにしてから梅干
しを包み、端のほうから
チューチュー吸うと
懐かし
い味
竹の皮を図のように
三角に折り込む
B
C
CUT
筒状に
丸める
三角の頂点から
等分に裂く
固まったとこ
ろで竹ごと
スパッと切る

です。たくさんある葉っぱ使いのなかから、今回ほんの少しだけ紹介します。

ツバキ

一年中、しっかりとした肉厚の葉っぱをつけてくれます。大きな葉っぱを選んで摘んで、布巾で汚れを落としてから使います。

▼スイーッと舟のような「お皿」

クッキーや羊かんをちょっとだけのせるのに、葉っぱの裏側を上にして使います。先端と葉柄が反り上がって、舟のような形をしているのがいいですね。お皿の移動も葉柄をつまんで引っ張れば、水面をスイーッと舟が流されているようで風情があります。

▼蒸してはがしやすい「下敷き」

春はヨモギまん、秋はカボチャまん、冬は肉まんと、よくまんじゅうをつくります。このとき、まんじゅうは葉っぱの上にのせて蒸します。夏から秋にかけては、大きなクズの葉っぱを使いますが、冬から春にかけては、ツバキの葉っぱの出番です。

葉っぱは裏を上にして使います。硬く、しっかりして、蒸しても嫌なニオイがせず、はがすときもさっと取れて便利です。葉っぱが小さいときや、まんじゅうが大きいときは二枚重ねて少しずらして使えば大丈夫。

▼ちぎってワラビの「アク抜き」

ワラビのアク抜きは、灰か重曹が定番ですが、ツバキの葉っぱでも代用できます。ひとつかみくらいのワラビを容器に入れ、ツバキの葉っぱを五～六枚ちぎって上に置きます。それに熱湯をかけまわしてフタをし、ひと晩置けばアクが抜けます。

重曹のようにワラビの緑色が鮮やかにはなりませんが、食感がやわらかくなりすぎてしまうこともありません。

▼ギザギザとカーブの「ヘラ」

当園は外で調理することがよくあります。ゴムベラが手元にないときは、ツバキの葉っぱが美しく働いてくれます。

テーブルに残った調理クズも、ボウルにくっついたホットケーキ種も、葉っぱのギザギザとカーブを利用して、きれいに片づけてしまいます。

ホオ

山のなかにある木のなかで、ホオの木は葉っぱも花も一番大きいのではないでしょうか？　葉っぱは味噌

上は舟のようなツバキのお皿、下は蒸してはがれやすいツバキの下敷き（H）

だれの五平餅を置く皿にしたり、脂っこい焼き魚を盛ったり、お客さんにおにぎりをくるんであげたりと、敷いたり包んだりでよく使います。

▼枝先クルクル「カザグルマ」

ホオは大きな葉っぱが枝先に集まって七〜八枚くらいつきます。それが、そのまま子供の遊び道具、カザグルマになります。枝先を二〇〜三〇cm折り、枝より少し太い竹かササに差し込みます。葉っぱに少し切れ込みを入れて勢いよく走ると、クルクルとカザグルマのように回転します。

どんなふうに切れ込みを入れたら、よくまわるのでしょうか？　ここでは、そのコツを書きません。子供たちには、何べんでも試してみて「やったー！」と言う感動を味わってほしいものです。

アオキ

みずみずしい大きな葉っぱと赤い実がかわいい木です。子供の頃、よくおままごとに使ったものです。

▼そのまま食べられる「味噌置き葉」

味噌を仕込むとき、上に何を置きますか？　カビの発生を防ぐため、ササや昆布、ビニールなど、さまざまなものが使われます。この辺りでは古くから、アオキの葉っぱが使われています。

二〇年ほど前、近くの民宿で真っ

ホオの葉。大きな葉っぱ7枚に小さな葉っぱが1枚つく（H）

ホオの葉のカザグルマ

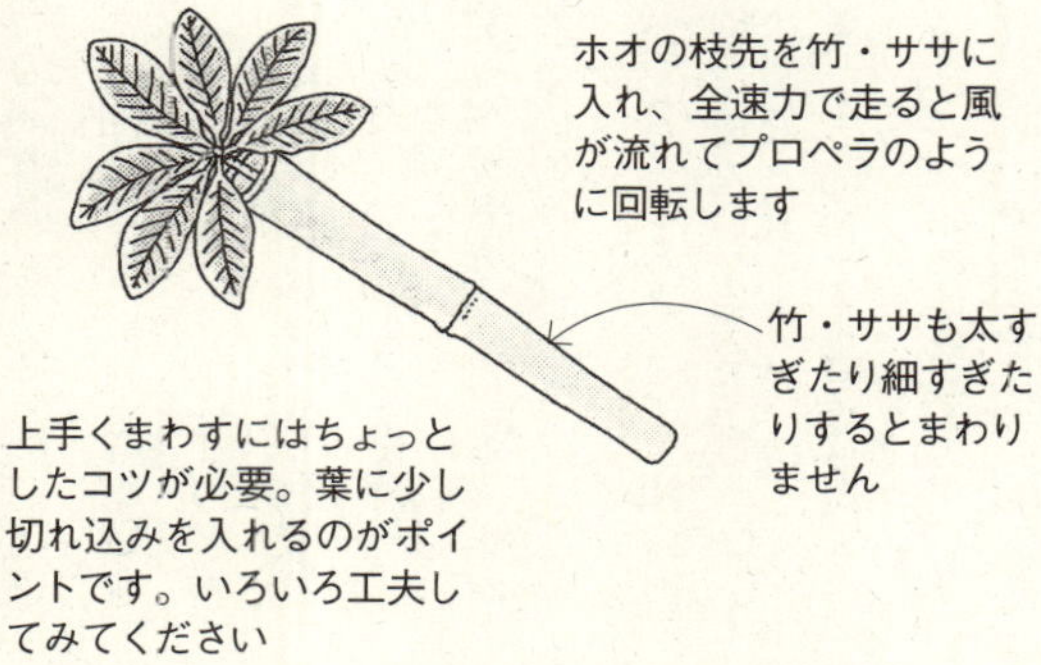
ホオの枝先を竹・ササに入れ、全速力で走ると風が流れてプロペラのように回転します
竹・ササも太すぎたり細すぎたりするとまわりません
上手くまわすにはちょっとしたコツが必要。葉に少し切れ込みを入れるのがポイントです。いろいろ工夫してみてください

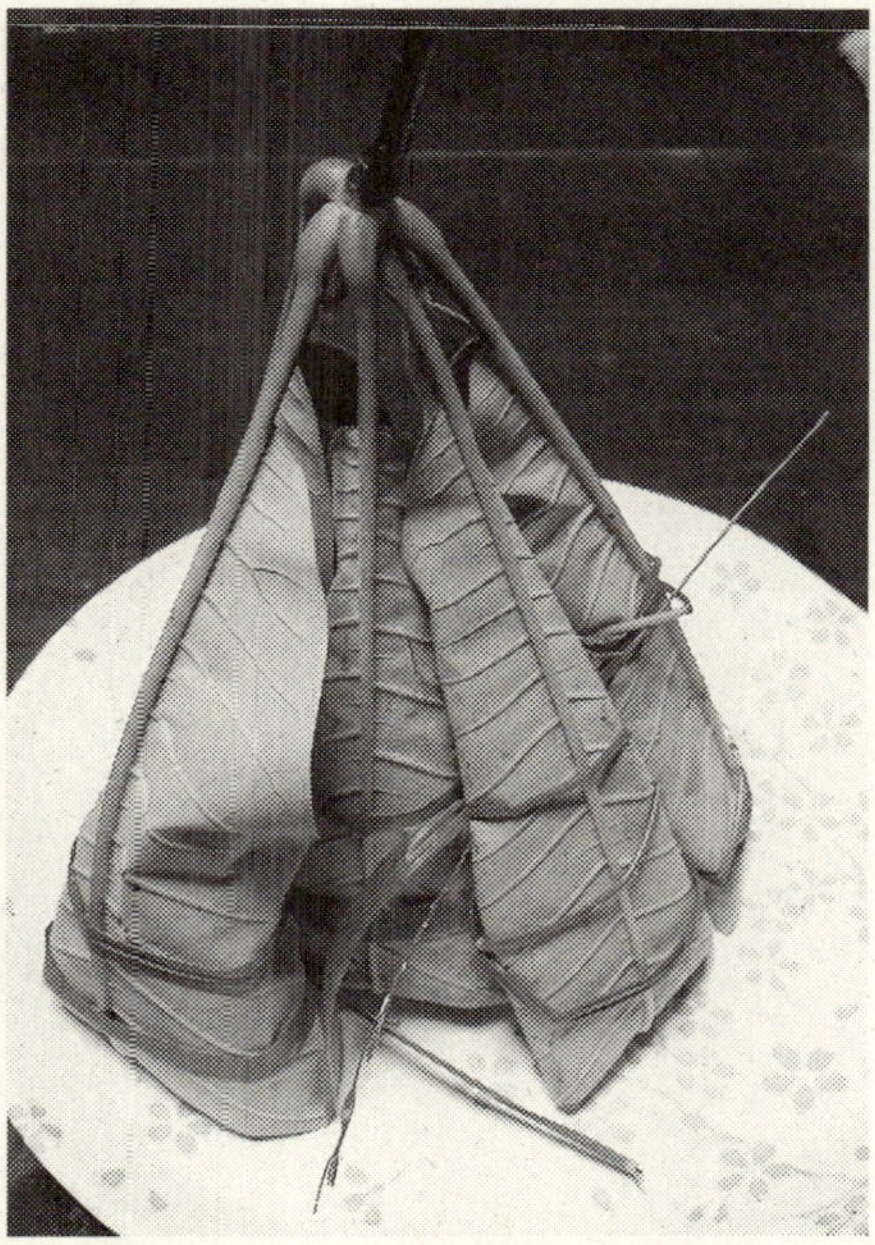

ホオの葉を枝につけたままお寿司などをくるみ、おみやげに（H）

アオキの味噌置き葉。カビが生えにくい。青々とした葉（左）がこのように黒くなる（H）

黒な昆布の佃煮のようなものが出されました。聞いてみると「味噌置き葉」だと教えてくれました。何の木の葉っぱだろう？　そこで、おばあちゃんが庭の隅っこから三枚折ってきて、見せてくれたのは、なんとアオキでした。

「なるべく若い木のほうが、幅のある、大きな葉っぱがついています。採ってきたら洗って布巾で拭いて、よく乾かします。それを、塩をふった味噌の上にピッチリ並べ、重石をします。アオキの葉っぱはカビが生えにくく、害もありません。ササのようにクルクル巻き上がったりしないので、とてもいい方法だと思います。

　味噌置き葉として使った葉っぱを食べるのなら、冬の葉っぱは硬いので、四月頃の新芽を摘んで味噌の上に追加します。色が黒くなったら食べ頃です。

　そのほか、私は実際に試したことはありませんが、アオキの葉っぱはドロドロに煮溶かして腫れ物に塗ると膿みを吸い出すとか、煎じて飲むと解熱によいとか、薬草関係の本に書いてあります。

　このほかにも、楽しくて役に立つ葉っぱ使いがいろいろあります。葉っぱなら、工場でつくるトレイのように石油も使わず、捨ててもゴミにならず、燃やしてもダイオキシンの発生はごくわずかです。もっと日常的に使われてもいいと思います。皆さんも屋敷まわりの葉っぱさんたちと対話して、暮らしに役立ててくださいね。

第五章 魅力ある農園デザインと経営の工夫

農園は標高五〇〇mの中山間地にある。築一三〇年の母屋の後ろは山で前には段々畑があり、小川が流れる。絶景があるわけでも、広い農場があるわけでもない。けれどもたくさんの方が訪ねて来られ、「いいところですね」と言って下さる。

懐かしい日本の原風景が広がる、それが魅力ある農園経営の原点です。

栗、柿、梅、クルミなどに囲まれた農園（K）

作物・自然の力を活かす作付け・栽培法

農園の敷地は全部で約四反。うち田畑が二反くらいで、残りが宅地や駐車場、池、花壇などとなっている(下図参照)。農園の作付けは一覧表(135〜137ページ)のとおり。

◇実も葉も枝も落果さえも活用できる果樹

農園を特徴づける産物の第一は、果樹だろうか。農園の魅力を伝える立役者といえる存在だ。

果樹は畑の隅、山の裾、土手、小川のほとりなどちょっとしたところに夫がいろいろと次々植えてきた。植えてからはほとんど無肥料のほったらかしだが、梅、栗、柿などよく成ってくれる。自らが落とした葉や実を肥とし、暑さ寒さに耐え、天からの水と空気を吸い、おいしい果実をプレゼントしてくれるこれら果樹

は、ものは言わないが私たちの教師であり同志でもある。畜肥をやっていないので虫もつかず、味も香りもよい。

梅に花も美しく、三月は農園中によい香りが漂う。六月下旬に青梅を収穫し、梅酒、梅ジュース、梅干しなどに、七月上旬にアンズのように完熟した落ち梅を拾い、ジャム、ネクター、ジュース、梅味噌などに加工。また剪定枝は〝梅の箸づくり〟で使われる。

十月は自然のアケビが農園のあちこちで実をつける。男性客の方に高枝バサミを渡し収穫してもらう。野生の果実を採って食べるというワイルドな体験を、皆さん本当に楽しそうにやってくれる。

食べたあとの小さなタネをテラスから下の土手や池に口でピューと飛ばしっこするのは、子供たちにとって新鮮な遊びとなる。アケビのツルはかごにもなる。

ポポーという果実の木も大木とな

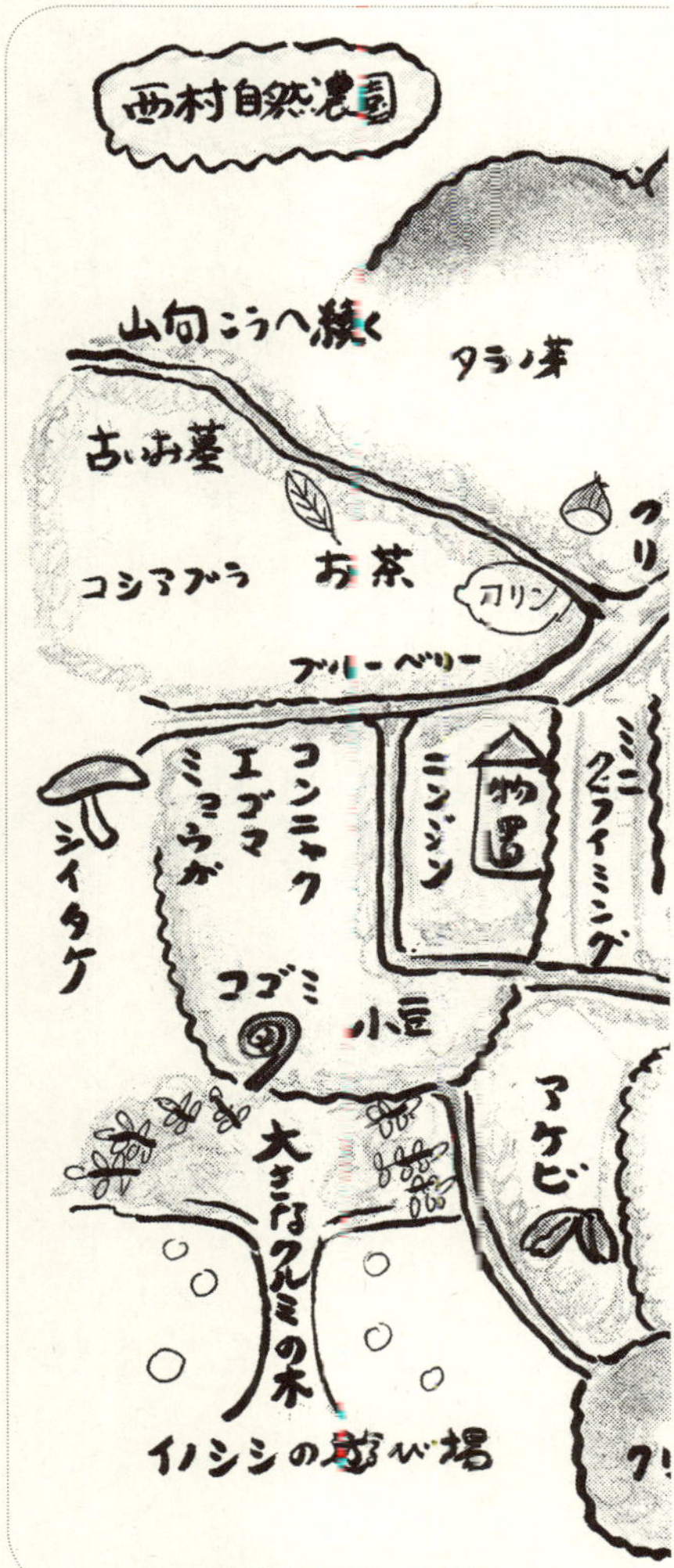

西村自然農園の全体図

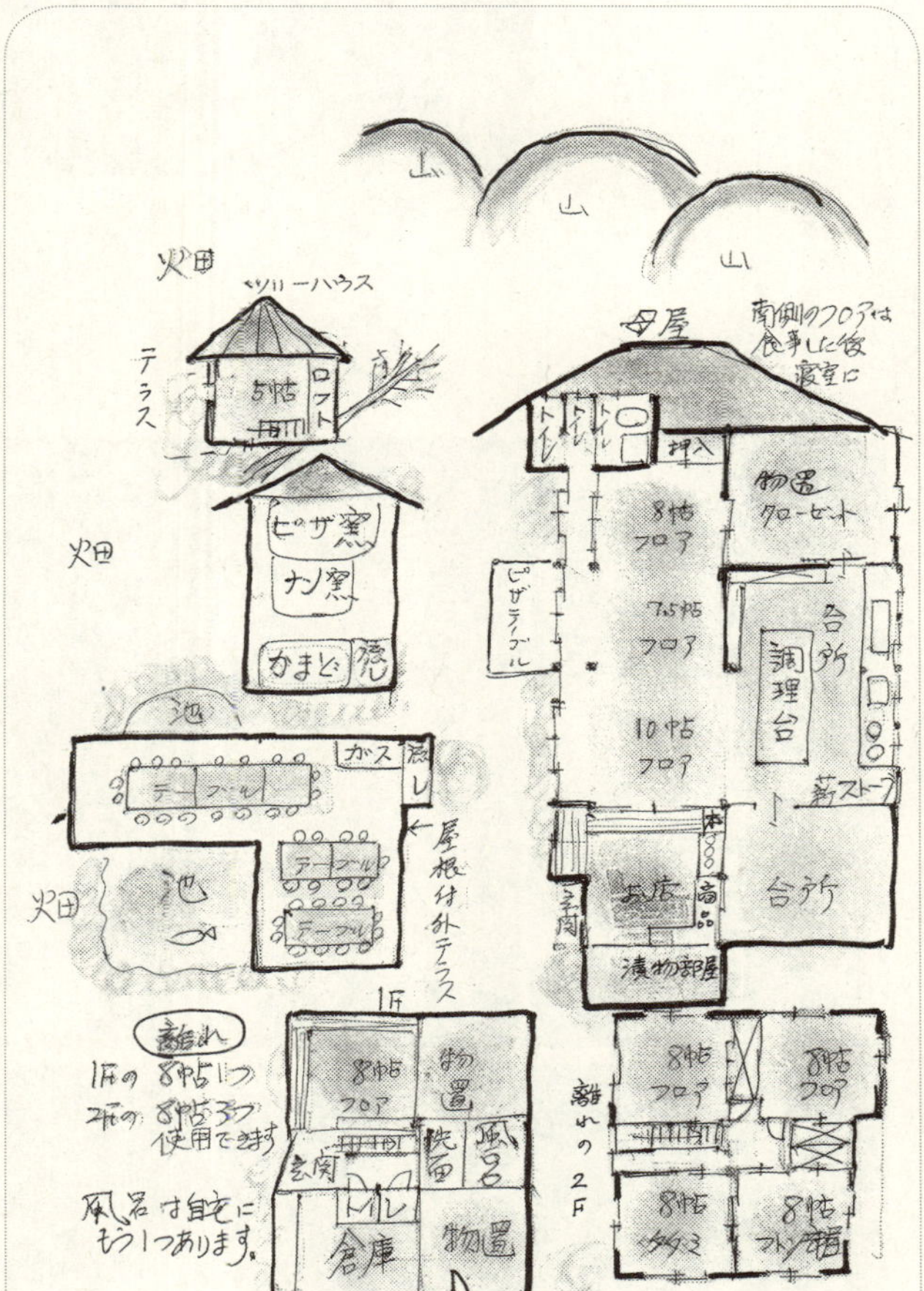

母屋や宿泊棟の間取図

ポポー。毎年たくさん成る（K）

り、九～十月に珍しいバナナのような実が成る。落ちているのを拾うのだが、それだけではつまらない。お父さんたちに枝をユサユサとゆすってもらうと、実がボタボタと落ちてくる。ワーッと子供たちが駆け寄り拾い集める。クリーム色の皮をむくと、中はカスタードクリームのようなトロピカルな香りの果肉が。食べるとトロリと甘く、大きなタネがいっぱい。皆さんそのタネを持ち帰り、どこに植えようかとワクワクしている。ポポーの大きな葉はお皿やおにぎりを包むときに使える。

イガごとボトンと落ちてくる栗。小さい子も足を使ってイガを広げ、ピカピカの栗を取り出す。喜びに輝く笑顔は栗よりもピカピカだ。薄い実は〝栗スプーン〟になり、イガは燃料となる。

柿の若葉はお茶や柿の葉寿司に、紅葉した葉はお皿、若い実は柿渋に、熟果は干し柿、落果は柿酢、干した皮はたくあんに入れる。

果実を収穫するだけでなく葉も枝も落果さえも活用されることを知ると、果樹に対する想いが深くなる。「〇〇狩り」とお客さんに、量をたくさん採らせるだけが喜びを生むのではない。

◇農体験のバラエティ引き出す野菜混植、野草活用

野菜も二反ほどの畑に少しずつたくさんの種類が育っている。販売出荷するためでなく、お客さん自身に収穫、そして調理してもらうため

ビオトープと屋根付きテラス（上）、ビオトープの向こうに畑、ハート形の田んぼ（下）（K）

だ。そのため一年中途切れないように次々タネを播き、苗を植える。基本的に不耕起で元肥を入れないので、前作が終わるとすぐにタネ播きできる。例えば、トウモロコシの収穫が終わると一〇cmくらい茎を残して切り、クワでウネ間の土を上げて整地し、株間にダイコンのタネを播く。また、オクラが終わりそうだが、まだいくつか成りそうなときは根元の周囲を鎌できれいにしてチンゲン菜の苗を植えてしまう。そのほかコンパニオンプランツとしていろんな野菜、花が混植されている。こういう畑の風景はお客さんにとっては衝撃である。

無農薬なのに葉が虫に食われていないのも不思議で仕方ない。そして野菜をかじってみれば、とびきりおいしい。どうして？　というその理由を知りたい気持ちが深まってゆく。

皆が楽しみとする野菜の収穫。いろいろつくっていても、端境期もあれば不作のときもあり、お客さんが多すぎるときもあって、いつもいつもさまざま収穫できるとは限らな

キュウリは根を残して片づけたあとにブロッコリーとワケギを一緒に定植（K）

ホウレンソウとニンニク（K）

道端の土手で野草を摘む（K）

い。でも畑があれば困らない。ちゃんと生長したトウモロコシやナスの収穫だけが農体験ではない。タネや苗の自然の力を活かした植え方、出たばかりの細くて小さな野菜の芽、まだ細いタマネギ、まだ結球しないキャベツやハクサイ、美しい野菜の花も立派な教材だ。

そして、野草。畑や土手には草がたくさん生えているが、ハコベ、ナズナ、クズ、スギナ、クローバー、カラスノエンドウ、オオバコなど食べられる植物がかなりある。それらを摘んで、天ぷらやおひたしにして食べることは西村農園では重要なポイントだ。むしろ、野草のことを知りたくて訪ねてこられる方も少なくない。

◇いのちの巡りを感じ、最高の食材になる名古屋コーチン

農園にはニワトリもいる。名古屋コーチンが一五羽ほど。道路から入ってすぐの庭の隅に鶏小屋があるので、車を降りたお客様たちの目にすぐ入る。

そのへんの草をむしってさっそく餌やり。網の間から差し込んでやるとパクパク食べるので、皆さん、夢中で入れてやる。

人が鶏舎に入っても驚きも突くこともなく、そっと背中をなでても大丈夫。コーチンは性質がとてもやさしくて飼いやすい。卵もおいしいニワトリだ。その卵を手に取るとほんのり温かい。

そこで、お母さん鶏が何日温めるとヒヨコになるのか考えてもらう。持ち帰って温めヒヨコにしたいとほとんどの子が言い出すが、ニワトリは人間よりずっと体温が高いこと、産まれてからも温めないと育たないことなどを話すとあきらめる。

「温めれば二一日目でヒヨコになる卵だけど、今日はおじさんにおいしい卵焼きにしてもらおうね。おじさんのところへ持って行ってもらえるかな」と頼むと、子供たちは慎重に運んでくれる。皆で調理したあとの野菜クズも食べ残しも、お手伝いを頼んでニワトリにあげに行ってもらう。ゴミにならず餌になって卵になってくれるのだ。

帰りぎわも子供たちはニワトリたちと別れがたく、何度も草をとってきてはあげ続けている。

小さい農家だとこれくらいの羽数がちょうど飼いやすい。いのちの巡りを感じてもらえ、最高の食材になってくれる。鶏フンもいただけてありがたい。名古屋コーチンもわが農園になくてはならぬ存在だ。

農園の入り口にいる名古屋コーチン（左）、食べものクズや野草を与えて卵をいただく（K）

わが家の作付け一覧表（自然生えも含む）

《イネ麦イモマメほか》

イネ	イネ10坪、マコモ2坪、タカキビ1坪、トウモロコシ50本×3回、タケノコ（孟宗竹5月／真竹6月）
麦	小麦（農林61号）10坪、フランスパン用1坪、ライ麦1坪、大麦1坪
マメ類	大豆10坪（小麦との連作） エダマメ（黒極早生種をコンパニオンプランツとして畑のあちこちに） ラッカセイ3坪くらい。5月中旬播種、9月収穫。大人気の収穫作業 エンドウ①キヌサヤ1坪、②スナップ／蔓あり2坪、蔓なし（プランターで）、③実採り2坪、④ツタンカーメン1坪（マメでご飯を炊き、ひと晩保温するとピンクに） インゲン（①在来種の白インゲン、②莢インゲン、③十六ササゲ、④モロッコインゲン、⑤蔓なしインゲン（コンパニオンプランツとして）） アズキ2坪くらいと少しだが、観察学習用に
イモ類	ジャガイモ（男爵とメークィン各30株、秋ジャガ20株）、サトイモ80株くらい（30年ほど連作中）、サツマイモ150本くらい、キクイモ1坪（10株くらい）、ヤーコン1坪（5〜6株）、コンニャク50株くらい、チョロギイモ1坪（11月に掘り上げ、酢漬けや茹でて和えものに。掘り残しから発芽。花も美しい）
タデ科	ソバ1〜2坪とほんの少しだが、観察学習用に。アイタデ（藍の生葉染めに使用）、ホンタデ（自生。とても辛いのでピリ辛味噌に）

《野菜ほか》

ウリ科	キュウリ4月、5月、7月の中旬の3回タネ播き、各20本くらい ゴーヤ20株くらい。5月中旬タネ播き、7月中旬〜9月下旬まで収穫。一人生えもあり。遅くに発芽、遅くまで成る カボチャ　すくなカボチャ中心に5株くらい。畑のあちこちに一人生えがたくさん。いろんなのがよく実る ズッキーニ（黄色緑色各2本くらい）、そうめんカボチャ 1本（1本で5〜6個成る）、スイカ2〜3本（高冷地なので遅くに熟してくる）、タイガーメロン2本（一人生え。たくましくよく成りおいしい）、マクワウリ2本（一人生え）、トウガン1〜2本（一人生え）、ヘチマ2本
ナス科	ナス10本くらい、千両2号中心、7月から10月末まで ピーマン「京みどり」8本。丸焼きで食べる。7月から10月末まで 万願寺トウガラシ2本（ごくたまに激辛があるがやわらかくておいしい）、甘長ピーマン2本、パプリカ（赤）1本　彩りに、ミニ鈴成りパプリカ2本（早くから黄色くなってくれる）、トウガラシ（赤、黄各2本　漬け物やリースに使う）、韓国うま辛トウガラシ2本（ゆずコショウをつくる） トマト①大玉トマト10本「感激」という品種、丈夫でよく成る（7〜10月）、②アイコトマト赤10本（長期間成り、甘味がある）、③アイコトマト黄5本（酸味が少なくマイルド）、④ムラサキトマト2本（色は悪いが味はよい）、⑤ホウズキトマト（大20本、外見はホウズキだが中身はフルーティーで香りと甘味があり、トマトよりおいしい。9〜11月下旬まで次々成る。翌年春まで腐らない）、⑥チェリートマト10本（35年間ずっと一人生え。チェリーくらいの大きさで、皮がやわらかく、小粒なので幼児に大人気。11月まで）
セリ科	セリ（湿地や田んぼに自生、3月から6月頃まで）、ミツバ（日陰や畑の隅に自生、4月から6月頃まで）、パセリ2〜3株あれば十分（1年中）、イタリアンパセリ2〜3株あれば十分（1年中）、セロリ10株くらい。10月から春までの冬期保温。葉も干してハーブソルトに ニンジン春（4月）に1袋。「向陽2号」。夏（7月）、ジャガイモを掘ったあとへ2袋、10月から春まで収穫。8月、秋冬に強い品種を1袋

（次ページに続く）

《野菜ほか（前ページ続き）》

アブラナ科	（春播きも少しつくるが、秋作のほうが自然でおいしい） 【葉を食べる】 コマツナ（寒さに強く、おひたし、漬け物、煮物に）、ミズナ（主にサラダ）、チンゲン菜（炒めもの、スープ　移植したほうが立派に育つ）、かき菜（9月に播いても食べるのは4月から苔立ちした茎を食べる。4～6月） ブロッコリー 10本くらい。キュウリの跡地に不耕起で定植。虫もつかず元気。12月～春 【花を食べる】 カリフラワー 2株くらい、寒咲花菜（霜が降りると枯れてしまう。11～12月）、オータムポエム（11～12月に花芽を摘んで食べる。寒さに弱い） 【巻物】 キャベツ10株くらい（秋に植えて翌春収穫）、芽キャベツ5株くらい（6月に播種、8月定植。冬に次々とかわいい子がつく）、ハクサイ大、中、小品種各20株くらい（9月にタネ播き、12月収穫）、サントウサイ（主に春につくりサラダに） 【根物（カブ系）】 大、中、小カブ、赤カブ（漬け物用）、あやめカブ（白を紫のツートンカラーのきめが細かい）、ハツカダイコン（春と秋に少しずつ時期をずらして播く。夏期は根が太らず）、紅芯ダイコン（外が白く、中が美しいピンク。サラダ、漬け物、大根おろし） 【同（ダイコン系）】 総太り大根（一番多くつくり、煮物、漬け物、切干しなどに）、煮物用（伊勢たくあん大根。細くて長い）、紫大根（外が紫、中が薄紫、20㎝くらい、酢大根用）。紅くるり大根（中まで赤い。サラダ、漬け物、スープなどに） 【その他】 クレソン（自生している。3～5月、サラダ、漬け物に）、ワサビ（湿地や沢の土手に畑ワサビが自生。ワサビ漬け、おひたしに）
ユリ科	ネギ1坪（9月にタネを播き3月に移植して、8月に植え直し10月から春まで収穫）、ワケギ（9月に球根を植え11月から収穫。春から9月は休眠、味噌和えに）、タマネギ5坪（11月に植え7月に収穫。黄色中心、赤少し） ニンニク（9月に球根を植える。コンパニオンプランツとしてあちこちに）、ニラ2mくらいつくると食べきれない） ラッキョウ（畑の隅に1株くらいと、ゴボウや葉物のコンパニオンプランツで植えてある）、アサツキ（自生、4～6月。緑が美しいので薬味に）、ノビル（自生、4～6月。主に鱗茎を味噌和えで）
ヒユ科	ホウレンソウ（9～10月に少しずつ播く。寒いときがおいしい）、フダンソウ（スイスチャード）（最近はカラフルなピンク、黄色などがあり、サラダ、マリネに）、イヌビユ（野草だが春から寒くなるまで、何度も生え、栄養豊かで味がよい）
シソ科	シソ赤（一人生え、梅干し、シソジュースに）、シソ青（一人生え、薬味、天ぷら、シソ味噌、シソの実漬け）、エゴマ（4月に播き、葉は8月に、漬け物、ギョウザに。実は10月にできる）、バジル30本（6月タネ播き、トマトのコンパニオンプランツに。干してハーブソルトへ）、日本ハッカ（ずっと昔から自生。香りが強いので入浴剤に）、ミント（庭に自生。お茶、お菓子に）
キク科	大浦ゴボウ、サラダゴボウなど1袋くらいずつ（秋に播き、翌年の春から秋の収穫）、シュンギク（寒さに弱いのでプランターにつくる）、レタス（結球レタスより半結球種のほうがつくりやすい。アブラナ科のコンパニオンプランツとしても）、フキ（ポポーの木の下に自生。広がりつつある。3月フキノトウ、6月フキ収穫）

《野菜ほか（右ページ続き）》

アオイ科	オクラ20本くらい（丸い島オクラが大きくなってもやわらかくおいしい）、花オクラ20本（花を食べる専門のオクラ、大きな花は見て美しく食べておいしい、一人生え）、ローゼル3本（タネのまわりの赤い包やガクをお茶やジャムに、花も美しい）、オカノリ（毎年、こぼれダネであちこちに自生。冬は枯れる。おひたしに）
その他	モロヘイヤ10株くらい（エジプト原産の夏専門野菜。摘めば摘むほどよく繁る）、ツルムラサキ（茎が緑と紫がある。各5本くらいを地に這わせて新芽を摘む）、ショウガ（サトイモとコンパニオンプランツでよく育つ）、ミョウガ（湿地、日陰に自生。花を食べ、葉はまんじゅうやお寿司に）、金ゴマ、チャ20本（昔からチャ樹があちこちに自生。5〜7月に釜炒茶、ウーロン茶、紅茶などを少しずつつくる）、ローリエ1本（ピクルス、カレー、スープに。干して粉にしハーブソルトへ。燻製の燻材に混ぜる）、サンショウ（タケノコが出ると新芽も出る。薬味、佃煮、干して粉にしハーブソルトへ）

《果樹》（ほとんどは私たちが植えたもの。昔からあるのは富有柿とスモモくらい）

春3〜4月	収穫はないが前年に収穫し保存しておいたキウイフルーツが食べ頃に
5月下旬	イチゴがやっと採れる
夏6月中旬より	梅（8本）、グミ（2本）、クワの実（1本）
7月	ブルーベリー（5本）、ビワ（1本）
8月	スモモ（2本）
秋9月	栗（4本）、クルミ（野生1本）
10月	晩生の栗（6本）
	ポポー（2本）カスタードフルーツともいわれ、南国の味がする
	イチジク（2本）、サルナシ（1本）、ナツメ（1本）
11月末	蜂屋柿（2本）、渋柿（干し柿用）
	キウイフルーツ（3本）
	カリン（1本）
12月	冬イチゴ
	ユズ
1月	寒ユズ

私流、おいしい野菜のつくり方

生でおいしい

皆さんは野菜を生のままで、味付けをせずに食べることはあまりないと思う。サラダの野菜もたっぷりドレッシングをかけるので素材の味はわかりにくい。炒めものや煮物、おひたしも調味料、だし、加熱調理などのおかげでおいしくいただける。

でも、農園ではなるべく素材のおいしさを味わってほしいので、生で味見をしてもらう。子供の嫌いな野菜ナンバーワンのピーマンも畑で丸かじりすると苦くもくさくもなく、甘くてフルーティーなのにビックリされる。

キュウリも一口かじれば畑中に香りが広がってしまうのでこっそり食べるわけにはいかないほど。みずみずしくさわやかな味がすると言われる。

インゲンも、ちょっとかじってみると豆くささを感じず渋さもなくやわらかくて甘いし、一五cmくらいに大きくなりすぎたオクラも硬くなく、粘りが強く、風味がよい。春のかき菜もポキンと茎を折ってかじれば「甘い」「おいしーい」の声しきり。

旨味が体に吸い込まれる感じ

生でなくても、さっと塩茹でしただけの野菜やマメが、もう調味料はいらないのではと思うほど、おいしいと言われる。おいしさの基準は人によって違うけれど、自然な甘味、香り、アクや苦味の少なさ、やさしい旨味が、体のなかにスッと吸い込まれてゆくようなおいしさとなって喜ばれるのかなと思う。もちろん、畑へ行って自分で収穫し、みんなで一緒にクッキングし、別々に来た人たちが仲よくなってご飯を食べるなどの「特製調味料」の効果も大いにあると思う。

そんな農園の野菜もすべてがよくできるわけでなく、天候によって不作になることや、つくるのが苦手な作物もある。

それでも、やっとこの一〇年くらいで何とかつくり方がわかってきたかなと思える。まだまだ努力、研究中ですが、参考にしてください。

人の育ち方と同じ

野菜の育ち方と人の成長はよく似ています。急には大きくならないこと、病気になること、思うように育ってくれないこと、ときには枯れてしまうことも。

園芸講師で出張したとき、「健康のために気をつけていることは?」と質問すると、大抵の人が「体によいものを腹八分目に食べ、体を動かし、よく眠るようにしている」と答える。野菜づくりを習いに来ているのに、なぜ健康法をと怪訝な顔をされる

左から、自生するミツバとノビル、一人生えのチェリートマト（サクランボ大）、キュウリ（K）

が、自分の食事は気をつけても野菜の「食事」には無頓着な方もある。人間が病気をせずに健康で家族仲よく暮らしたいと思っているように、野菜も体によいものをとり、まわりの生き物とも助けあってよい花を咲かせ、よい実をつけて自らのいのちをまっとうしたいと願っているはず。

野菜はただキュウリやナスを生産するだけの存在ではない。自然の巡りと恵みを共有し、野菜も健康で幸せな時が過ごせるよう考えて育ててやりたい。

不耕起を取り入れて うまくつくれるように

私も以前は、ごくふつうの有機農業だったが、いまから十数年前ある先生とのご縁で不耕起栽培を始めた。最初は、肥料や堆肥を土のなかに混ぜ込まないでどうやって野菜が栄養を吸収するのか、育つのだろうかと不安だった。一～二年は詳細がわからず不作だったが、先生の畑で野菜が立派に育っているのと、作物の味がとてもよかったので努力を続けた。あちこちの農場に見学に行ったり、たくさんの本を読んだりするうちにだんだんとコツがわかってきて、少しずつよい野菜がつくれるようになってきた。

作物の育つ仕組み、タネの播き方、土のかけ方、肥料のやり方、移植の方法など、それまでやってきた農法とは正反対のことが多く、最初は受け入れがたかったが、子供の成長の仕方と照らしあわせてみるとなるほどなー、そうだなー、と納得いくようになり、だんだんと野菜に対する愛情と思いやりも深まってきた。

一つのやり方にこだわらない

といっても、私の場合は一つの農法にこだわらない。作物の栽培方法はいろいろあり、その人の畑で本人が無理なくやれることが大事だと思うから。一つの農法にこだわると、ときには減収になることもある。私も自然農、不耕起、半不耕起、耕起など、畑の様子を見ながら栽培している。野菜は子供と一緒で、思ったように育ってくれないが、それには必ず原因と解決法がある。そう思って、長い目で見て愛情を持って育ててみることだ。

①畑の準備

よほどヤセているか、荒地を開墾して始める場合は、堆肥を入れて肥やしてからスタートするが、元気に野菜が育っているふつうの畑だったら堆肥を入れずにスタートする。畑の状態によるが、新たに耕さず、前作の根もなるべく取らず溝の土をウネの上に盛り上げて整地する（整地図）。

作物によるが、耕さない、元肥を土のなかに入れない、元肥をやらないのが基本だ。もし土のなかに堆肥を入れた場

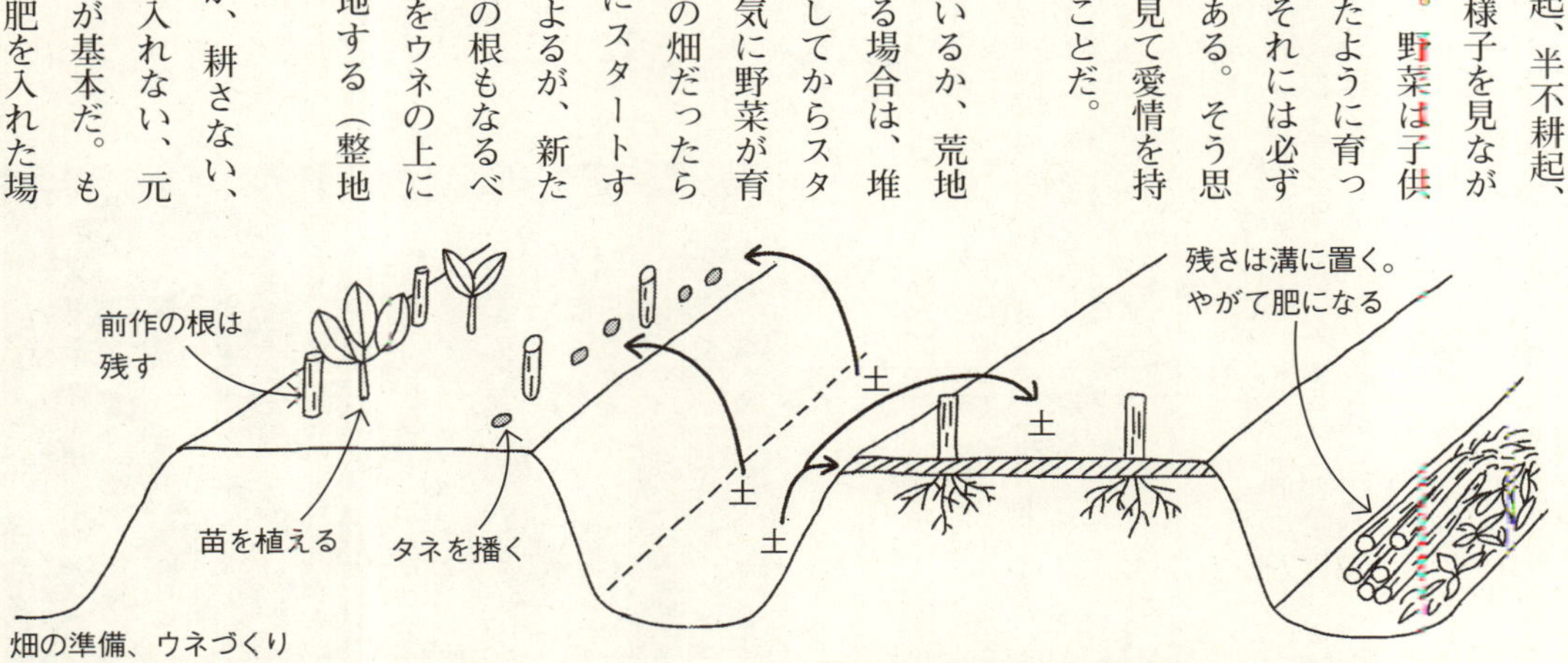
前作の根は残す
苗を植える
タネを播く
土
土
土
土
残さは溝に置く。やがて肥になる

畑の準備、ウネづくり
新たに耕さず、前作のウネにウネ間の土を盛って整地する

根は水の養分、空気などの通路となり、やがて肥となる。
土のなかに入れていいのは植物の根だけ！

合は三～四週間たってからタネを播く。赤ちゃんが初めはあまりご飯が食べられないのと一緒で、幼い毛細根に大量の肥は害になると思う。

② タネの播き方

ウネに鍬の柄などで浅く播き溝をつけたらジョウロで水をかける。水が引いてウネが温まるまで待つ。タネを播いてから水をかけると、タネが移動したり土が固まったりしてしまう。

タネは作物にもよるが一～二cmくらいの間隔で播き、〇・五～一cmくらい覆土する。土をかけたら、しっかりと手で押さえるか足で踏んで土とタネを密着させる。発芽を促し、水分を保ち、根張りをよくするためである。モミガラ燻炭を少しかけておくと、虫よけと保温になる。

③ 苗の植え方

園芸店で苗を購入してきたらすぐに植えないで、一～三日軒先に置き、その家の環境になじませる。この間、水分を控えめにして自分で生きてゆく力を養ってもらう。

植付けの前日か当日の朝にタライに水を張り、苗をポットごと浸けてよく水分を吸収させる。植え穴には水を入れない。冷たい水から出され、暖かい土のなかに入れられホッとした苗は子供が手足を伸ばしてくつろぐように毛細根を伸ばし、しっかり活着してゆく。天候にもよるが二～三日水をかけないで、苗が自力で水と肥を求めて根を張るよう見守ってほしい。

ウリ類やナス科のものはコンパニオンプランツとして、ネギやニラの苗を根に絡ませるようにして植えると病気になりにくい。

キリウジ（ヨトウムシ）対策として、アルミホイルをゆるめに巻いておく。

④ 肥料は表層に、根が伸びていく先に

肥料は台所の生ゴミや米ぬか、キノコの廃苗床、鶏フンなどからつくった堆肥を中心に、油粕、カキガラ、液肥、灰などを、少しずつパラパラと土の表面に播く。土のなか深くに鋤き込まず、せいぜい五cmくらいまでの深さにして、上に枯草などをかぶせておく。

自然の野山の様子を観察してみると肥えているのは表層だけで、地中に有機質は入っていない（左下図）。主根は体を支え、水を吸うためのものである。養分の吸収は表層近くの毛細根の働きが大きい。また、空気の約五分の四を占めるチッソ成分は、表層の有機層にすむ微生物の働きによって土中に取り込まれ養分となる。

肥料を与える時期は、タネを播いたり苗

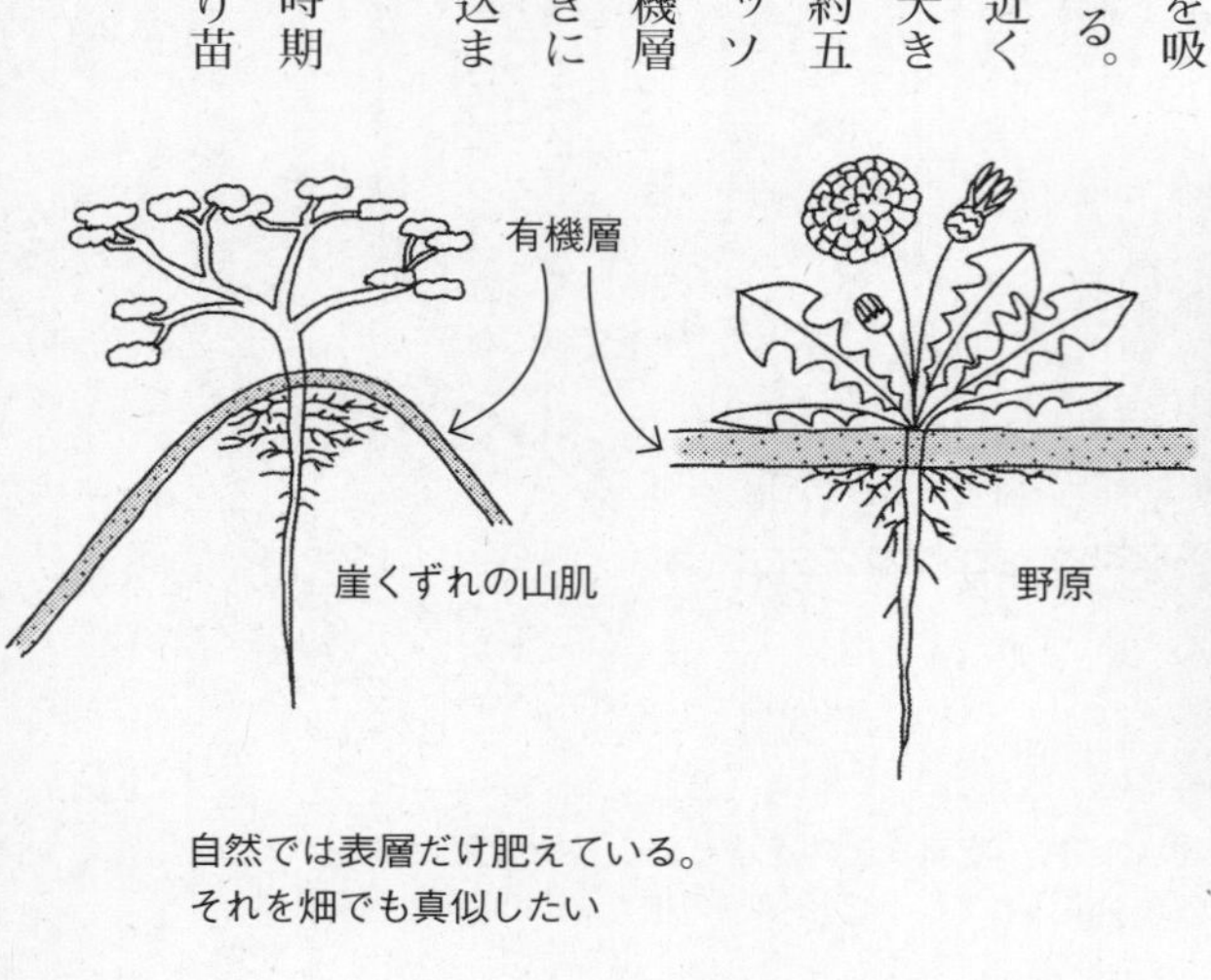

自然では表層だけ肥えている。
それを畑でも真似したい

ヨトウムシ対策にアルミホイルをゆるく巻く。
割り箸などを苗に添え木するとよい（K）

を植えたりしたときか、少し後である。播く場所は、全面施肥せず、毛細根が伸びてゆく先の辺りに置き肥にする。赤ちゃんがオモチャやおやつが欲しくて、頑張ってハイハイしてゆくことで手足や胸の筋肉を発達させ、たくましく育ってゆくようなものです。

液肥の一〇〇〇倍液、「えひめAI」などもときどきかけてやる。

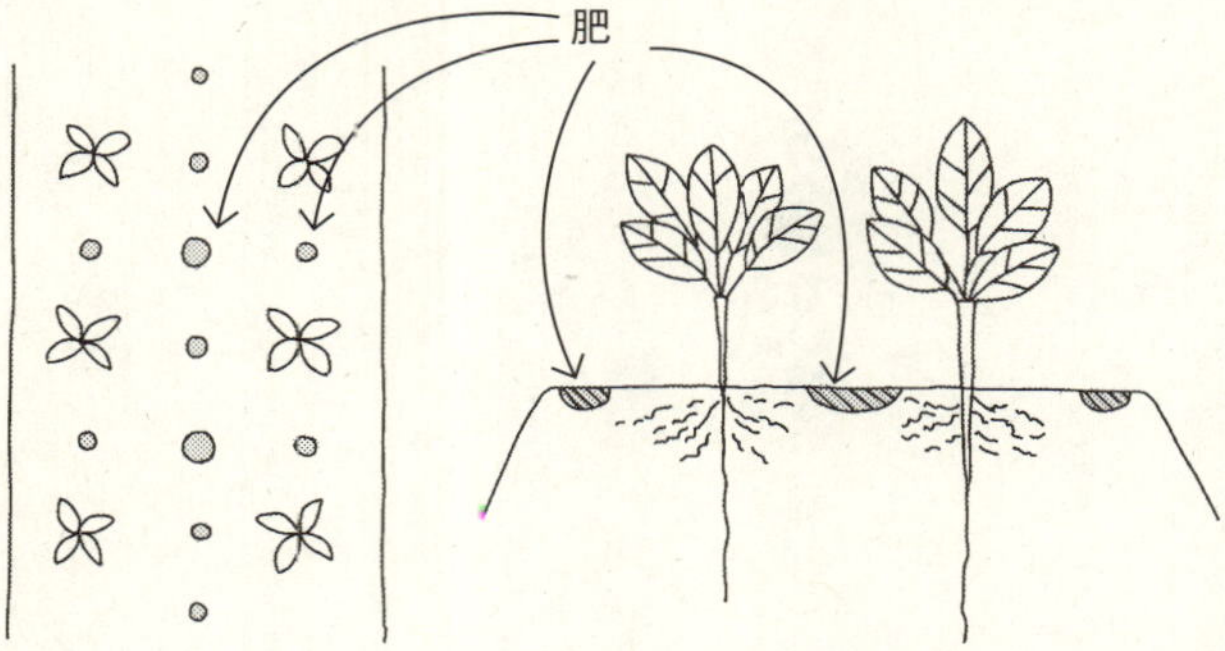

肥料は全面施肥せず、毛細根が伸びてゆく先の辺りに置く

5 コンパニオンプランツ

自然を見てみると、一種類だけで生えている植物はなく、すべての生き物はほかの動植物の助けを借りて生きている。野菜も単品より何種類か混植したほうが病気にならず、虫もつきにくく、味もよくなるケースが多い。そんなお互いが元気になる組み合わせをコンパニオンプランツと言う。なるべく農薬を使いたくない家庭菜園ではぜひ試してほしい。

〈相性のよい組み合わせ〉

①キャベツとレタス

キャベツにはヨトウムシ、モンシロチョウなどの虫がつきやすいが、レタスにはほとんど虫がつかない。混植するとレタスのおかげでキャベツに虫が寄りつきにくくなる。

②カブとバジル

バジルがカブの生育を促進してくれる。カブとニンジンを混植するとニンジンのニオイで虫が寄ってきにくくなる。また、カブとシュンギク、カラシナ、ニラなどとの組み合わせも虫よけに効果がある。

③トマト、ナス、ピーマンとニラ

ニラには混植すると土壌病害を防ぐ力がある。

エダマメ、ラッカセイを植えると根粒菌の働きで生育が促進される。一緒に食べておいしいバジル、パセリ、サニーレタスとも相性はよく、虫がつきにくくなる。

バジルもパセリも半日陰でOK。

④夏ダイコンとマリーゴールド

害虫が少なくなり、連作が可能になる。ダイコン五株にマリーゴールド一本の割合で植

かき菜の虫よけにレタスをコンパニオン（K）

サトイモとショウガのコンパニオン（K）

え付けるとよい。

⑤インゲン豆、エンドウ豆とルッコラ

病害虫が少なくなり、お互いの生育がよくなる。

⑥キュウリ、ホウレンソウと長ネギ、ナスタチューム

病害虫が少なくなり、連作が可能になる。

〈相性の合わない組み合わせ〉

①ダイコンとネギ＝ダイコンの生育が阻害される。

②キュウリとインゲン豆＝生育が悪くなる。

③レタスとニラ＝生育が悪くなる。

④イチゴとニラ（ニンニクはよい）＝生育が悪くなる。

⑤ナスとトウモロコシ＝生育が悪くなる。

⑥ジャガイモとキャベツ＝キャベツが結球しなくなる。

⑦ジャガイモとトマト、ナス＝生育が悪くなる。

大繁盛より小繁盛を目指す農園経営

最後にわが家の経営のことに少しふれておこう。

食農体験費が収入

農園の主な収入源は、日帰りと宿泊の体験費である。

日帰り大人三一五〇円、小人一六〇〇円。一〇時～一五時頃までの間に、収穫、調理、昼食、団らん、遊び、ときにより工作などを楽しんでいただく料金だ。宿泊の場合は一泊二食で大人八〇〇〇円、小人六〇〇〇円。

これまで日帰りと宿泊は半々くらいだったが、ここ二～三年は宿泊の割合が減っている。宿泊業は拘束時間が長く、掃除、布団の準備など体への負担が重いので、私たちが年を重ねるのに伴い、少し減らしてきている。

このほか、少しだが玄関のお店で自然食品と手づくりの農産加工品を販売している。近年は出張の講師料もわずかだがある。

これで、夫と二人で力を合わせ一所懸命働いて、収入額は安いサラリ

収穫、調理、昼食、団らん、遊び、ときに工作など楽しんでいただいて料金をいただくのが、わが家の経営（K）

ーマン一人分くらいだろうか。しかし収入は少ないが、支出も少ないので何とかやってゆける。

大もうけもないが、大損もない

まず食料は、ほとんど手づくりしている。お客様に出す料理も肉や魚を出さず、採れたての野菜や野草がメインなので、かなりの部分を自給している（作付け一覧表参照）。

また燃料は家のまわりの木や竹、廃材なども使用する。電気代も家屋が多く、お客様もあるわりには少なく、一万円くらいで済む月が多い。衣類は手づくりやリサイクル、いただきものなどを繕いながら着させてもらっている。

人は雇わず自分たちでできる範囲でやってきた。できるだけ夫婦、家族のこじんまり経営。長期の療養や研修で来て下さる方たちも料金を払いながら台所や畑仕事を手伝ってくれる。それが療養であり、研修であるから。

また外部から講師は呼ばない。野草のことも豆腐づくり、こんにゃくづくり、染め物なども、どこかに習いに行ったわけではない。学びに行く時間もお金もなかった。何度も失敗を繰り返すことでやっと身につく。それがわかりやすく伝える力になっている。講師料を支払うぶん、お客様に安く体験してもらえる。そして何より、地元の農家のおかみさん（私）が教えるほうが伝達力があると思う。

医療費は、自然食でよく体を動かし、いままでのところ割と健康に過ごせているので少ない。自然に添った暮らしは免疫力と自然治癒力を高めてくれる。

農家としての暮らしをそのままに

長ぐつをはき、かごを持って家の前に広がる畑へ出かける。私の説明を聞きながら、みんなで収穫したものがその日のお昼ご飯になる。皆さん、「最高のぜいたくだね」と言って下さる。そう思って下さるお客様がいらっしゃることがありがたい。

この農園がお客様に喜ばれ親しまれているとしたら、その理由は何なのだろうか。

農家として自給自足を目指し、ささやかだが、一筋に生きてきたこと、お客様の思いを大切にして一生懸命やってきたことかなと思う。

ドキドキワクワク演出の言葉かけも大事

それと大切なのは会話、言葉かけ。子供の頃、かくれんぼやクイズ、なぞなぞ、パズルなど楽しかったですね。何があるんだろう、どこにいるんだろう、何が出てくるんだろう、何なんだろう、どうなっているんだろう。

そんなドキドキワクワクした気持ち、見つけたときやわかったときの喜び。ささやかな楽しみだったけれど、それが探究心を養ってくれたと思う。お客様に「はい、ダイコン抜

野菜を収穫する子供たち（K）

宿泊する部屋（K）

いてね」だけでは寂しい。

とくに子供の場合、「大きいダイコンさんがいるんだけどね、このタネを播いてから何日くらいでこんなに大きくなるんだろうね？」と、手のひらのダイコンのタネをさわりながら考えてもらう。ダイコンさん、ニンジンさん、ゴボウさんの昔話をちょっとする。あとはみんなが続けてくれる。

「それじゃあーねー、ゴボウさんの葉っぱはどれかな？」

ダイコン、ニンジンまではわかっても、ゴボウは見たことのない子がほとんど。

「あのう、ゴボウに葉っぱってあるんですか？」なんて質問も。クイズのもとは限りない。だんだん子供から質問をしてくる。

また「あ、上手に採れたね」「すごい！　頑張ったね」「おいしそうだね～」、励ましやほめ言葉も忘れない。これは大人ばかりのときでも欠かすことはない。約一時間の畑体験。野菜、果物、木の実、野草などでかごのなかはいっぱいだ。帰り道、小川で遊び、クズ鉄砲を鳴らし、野の花を摘み、ホウズキトマトを摘んで食べながら坂道を登り、農園のテラスへ戻ってくる。かごのなかにいっぱいなのは、ナスやピーマンばかりではない。畑の楽しさ、触った土の温かさ、野菜を採るとき手伝ってくれた知らないおばさんの手の温もり、川を渡るときだっこしてくれたお兄さんのやさしさなど、なくならないで心に残る食べ物もいっぱいつまっている。

小さな農家の六次産業プラスα
集落でグリーンツーリズムを

最近、行政が農業の六次産業化を推進している。一次（生産）、二次（加工）、三次（販売・サービス）を合わせて行なうことである。三次の販売・サービスには、農家民泊、農家レストラン、教育ファームなどグリーンツーリズム事業も含まれる。

グリーンツーリズムは、ヨーロッ

パで農家の収入を補うものとして考え出され、ドイツ、フランス、スイスなどを中心として盛んに行なわれている。日本でも各地で実施する農家も増えてきた。

　私たちの山間の二反しかない農園で野菜を売るだけでは、どんなに頑張っても四人の子供たちに高等教育を受けさせることはできなかったと思う。それが、不便な山奥の小さな農家にたくさんの方が訪れ、野良仕事をして、田舎料理を食べることにお金を払ってくれたのだ。広告、宣伝費はゼロであったが、訪ねて下さり、料理を食べて元気になったお客様が優秀な営業マンとなって、次のお客様を紹介してくれ、いまに続いている。

　人づきあいが苦手な方もあれば、施設が不十分な家もあると思う。でも村に何軒か外からお客様を受け入れる農家ができれば、野菜など農産物の出荷先、パート先にもなる。地域のつながりもできるだろうし、元気な農村を見て、移住したい人も増えるだろう。すでに行政、教育現場、生協、労働組合、お母さんたちのサークルなどと連携し、都市と農村の交流が進んでいる地域もある。

　私たちの農園にも、交流ネットワークを通してセカンドスクール事業としてまとまった人数の子供たちが泊りに来てくれるようになり、経営の安定という面ではとてもありがたい。こうしたグリーンツーリズムを核とした三次産業の強化、言うなれば六次産業化プラスαに、日本の農家はもっと取り組んでいいのではないかと考えている。

　もちろん、真の経営の安定は、経済的にきちんとお金が入ることではなく、今日を大切に生き、明日を見つめ、自分と技術を磨き、今日より明日が一歩でも向上するよう努力し、人の心を大切に想うことから生まれてくるものだけれども。

夫と私（KM）

おわりに

この地に三六年間暮らしてきてこの頃、人生はたくさんの〝愛と恩を知る旅路〟なのかなと思うようになりました。若いときは自分が頑張ったからこその成果だと思い、達成感を覚えたものでした。しかし年を取ってふりかえってみれば、いろいろな方たちのお世話になったからこそできたことばかりです。

どこの馬のほねともわからぬ若い二人に空き家を貸して下さった大家さん。大家さんに何度もかけあって下さったごだるま寺の和尚さんご夫婦。何も知らない私たちをこころよく受け入れ、いろいろ親しく教えて下さった近所の皆様。土地や家、畑のことで助けてもらった私たちの両親。仕事が忙しくあまり遊びに連れていけず寂しい思いをさせたけれど、心やさしく育ってくれた四人の子供たち。そして何よりは、農園に長い間通って下さり、いつも私たちを勇気づけ、助けて下さるたくさんのお客様と友だち。農園に新しい風を入れ、苦労をともにしてくれた研修生たち。皆さんに、あらためて本当に有難うございましたと伝えてまわりたい。どれだけ感謝してもしつくせるものではありませんが、これからは私たちの持っているものを次世代に伝えていくことで、ささやかながら世間のお役に立てたらと思っています。そのひと役を、このたびの本が果たし得ているならうれしいです。

最後に田舎の片隅に暮らす私たち二人に光をあて、本ができるまでの長い年月、雑誌『現代農業』での連載以来、面倒を見て下さった農文協の皆様に心よりお礼申し上げます。

西村　文子

二〇一三年十月

著者紹介

西村　文子（にしむら　ふみこ）

1977年、現在地に移住。古民家を改装し、都会の人に田舎でゆっくりくつろぎ、おいしいご飯を食べて元気になってもらいたいとの思いから、当時まだ珍しい農家レストランを開業。無農薬・無化学肥料の野菜や、屋敷まわりの野草など採りたての食材でお客さんと一緒につくり、食べるその農園スタイルは、老若を問わず好評で、繰り返し訪ねるお客さんも多い。

『現代農業』2003年5月号から「早い、おいしい、ビックリ加工」と題し、魚も肉も使わない野菜・野草フルコースの料理の逸品を14回にわたって連載。そのほか同誌2008年7月号特集「葉っぱビジネス」や、季刊誌『うかたま』などでも紹介される。

編集協力　木村信夫
写真　木村信夫、小倉かよ、高木あつ子、倉持正実
イラスト　いいじまみつる、アルファ・デザイン

＊本書は『別冊　現代農業』2014年1月号「農家が教える　いのち育む手づくり自然食」を書名を変えて単行本化したものです。

人気農家レストランが教える
四季の料理 保存のワザ

2014年6月30日　第1刷発行

著者　西村　文子

発行所　一般社団法人　農山漁村文化協会
〒107-8668　東京都港区赤坂7丁目6−1
電話　03(3585)1141(営業)　03(3585)1147(編集)
FAX　03(3585)3668　振替　00120-3-144478
URL　http://www.ruralnet.or.jp/

ISBN978-4-540-13169-1　DTP製作／(株)農文協プロダクション
〈検印廃止〉　印刷・製本／凸版印刷(株)